21世纪高等学校系列教材

电工电子实验指导

（第二版）

主　编　廖英杰　许　勤

副主编　吴红莲　刘泽良　袁开艳

　　　　杨保海　石　翔

编　写　梁宁利　盛　健

主　审　王建敏

中国电力出版社
CHINA ELECTRIC POWER PRESS

内 容 提 要

本书分为三篇，共七章。第一篇为实验基础，包括测量与误差理论、常用仪器设备的使用、实验要求；第二篇为基本实验，包括电路分析实验、模拟电子技术实验、数字电子技术实验；第三篇为 PSpice 电路仿真技术，介绍 PSpice 软件和仿真应用。本书充分反映了现阶段电工电子技术实践性教学的实际，具有内容全面、翔实，实用性强等特点。

本书可作为高等院校工科各专业的实验教材，也可作为电工电子工程技术人员的参考书。

图书在版编目（CIP）数据

电工电子实验指导/廖英杰，许勤主编 . —2 版 . —北京：中国电力出版社，2014.10（2024.1 重印）
21 世纪高等学校规划教材
ISBN 978 - 7 - 5123 - 6512 - 4

Ⅰ.①电…　Ⅱ.①廖…②许…　Ⅲ.①电工技术－实验－高等学校－教学参考资料②电子技术－实验－高等学校－教学参考资料　Ⅳ.①TM-33②TN-33

中国版本图书馆 CIP 数据核字（2014）第 226580 号

中国电力出版社出版、发行
（北京市东城区北京站西街 19 号　100005　http：//www.cepp.sgcc.com.cn）
三河市百盛印装有限公司印刷
各地新华书店经售

*

2009 年 7 月第一版
2014 年 10 月第二版　2024 年 1 月北京第十六次印刷
787 毫米×1092 毫米　16 开本　10.75 印张　255 千字
定价 **28.00 元**

前　言

　　电工电子技术实验是实践性教学进行基本技能训练的重要环节，是各类工科专业学生必修的基础课程之一。我们以党的二十大精神为指导，全面落实立德树人的根本任务，确保人才培养中心地位，适应教育教学发展的需要，编修《电工电子实验指导》一书。本书基本反映了现阶段电工电子实践性教学的实际，尽量满足实践性教学改革对教材建设的要求，构成电工电子实践教学环节的教材体系，体现了编者对电工电子实践性教学的目的、任务和方法的理解。

　　本书是在编者多年电工电子技术实验教学研究和教材建设的基础上编写而成的。本书内容在满足课程教学基本要求的前提下，对现有教学内容进行了精选，并注意加强知识综合和系统完整，力求具备保证基础、加强实用的特点。

　　本书主要内容包括实验基础和基本实验部分。实验基础部分主要介绍了电工电子测量的基础知识，包括测量与误差理论的基本知识、测量数据的处理、电工电子测量仪器的基本知识和使用说明、常用电学量的测量技术等内容。基本实验部分涵盖了电路分析实验、模拟电子技术和数字电子技术实验。这样安排的好处是可以使学生在学习各门相关课程时充分利用已学知识，强化学习成果，避免不必要的重复学习。书中还介绍了 PSpice 电路仿真软件，以期学生在进入实验室之前就能对将要进行的实验做电路仿真，加深对所做实验的认识，强化实验效果，节约实验时间。

　　本书由九江学院电子信息工程学院教师编写，得到了学院和教务处相关领导的热情鼓励和支持。本书的编写除了主编和副主编人员外，也得到了本院其他老师的大力支持和无私帮助，在此一并表示衷心感谢！参加本书编写的人员有廖英杰、许勤、梁宁利、吴红莲、刘泽良、盛键、石翔、袁开艳和杨保海。全书由廖英杰负责大纲的策划、内容的安排及审校，许勤负责书稿的组织、统稿及部分内容写作。限于编者的水平且时间仓促，疏漏和错误之处在所难免，恳请使用本教材的各位老师和同学提出宝贵意见和建议，以期再印时加以改正。

编　者

2023 年 6 月

目　录

前言

第一篇　实　验　基　础

第一章　测量与误差理论 ··· 1

　第一节　实验测量 ··· 1

　第二节　误差理论 ··· 4

第二章　常用仪器设备的使用 ··· 9

第三章　实验要求 ··· 18

　第一节　实验报告 ··· 18

　第二节　实验室管理规定 ··· 20

第二篇　基　本　实　验

第四章　电路分析实验 ··· 22

　实验一　电路元件伏安特性的测绘 ··· 22

　实验二　电位测量及基尔霍夫定律的验证 ··· 25

　实验三　叠加定理的验证 ··· 28

　实验四　戴维南定理和诺顿定理的验证 ··· 31

　实验五　典型电信号的观察与测量 ··· 34

　实验六　RC 一阶电路响应的测试 ··· 37

　实验七　二阶动态电路响应的研究 ··· 40

　实验八　正弦交流电路 R、L、C 元件阻抗特性的研究 ·························· 42

　实验九　正弦稳态交流电路相量的研究 ··· 45

　实验十　RC 选频网络特性测试 ··· 48

　实验十一　RLC 串联谐振电路的研究 ··· 51

　实验十二　用三表法测量交流电路等效参数 ······································· 54

　实验十三　三相交流电路电压电流的测量 ··· 57

　实验十四　电压源与电流源的等效变换 ··· 60

第五章　模拟电子技术实验 ··· 63

　实验一　放大电路静态工作点研究 ··· 63

　实验二　单级放大电路动态参数的研究 ··· 67

　实验三　射极跟随器 ··· 70

实验四　多级放大电路 ………………………………………………………… 73

实验五　差动放大电路 ………………………………………………………… 76

实验六　负反馈放大电路 ……………………………………………………… 79

实验七　比例求和运算电路 …………………………………………………… 82

实验八　积分与微分电路 ……………………………………………………… 85

实验九　有源滤波器 …………………………………………………………… 87

实验十　电压比较器 …………………………………………………………… 91

实验十一　RC 正弦波振荡器 ………………………………………………… 93

实验十二　集成功率放大器 …………………………………………………… 95

实验十三　直流稳压电源的测试 ……………………………………………… 98

第六章　数字电子技术实验 ……………………………………………………… 101

实验一　门电路逻辑功能测试 ………………………………………………… 101

实验二　加法器 ………………………………………………………………… 104

实验三　编码器 ………………………………………………………………… 106

实验四　译码器 ………………………………………………………………… 108

实验五　显示译码器 …………………………………………………………… 111

实验六　数据选择器 …………………………………………………………… 114

实验七　组合逻辑电路应用 …………………………………………………… 117

实验八　触发器逻辑功能研究 ………………………………………………… 119

实验九　触发器类型转换 ……………………………………………………… 122

实验十　异步时序逻辑电路研究 ……………………………………………… 124

实验十一　移位寄存器研究 …………………………………………………… 126

实验十二　计数器及其应用 …………………………………………………… 128

实验十三　555 定时器的应用 ………………………………………………… 131

实验十四　A/D 转换器 ………………………………………………………… 135

实验十五　D/A 转换器及其应用 ……………………………………………… 137

实验十六　电路设计（一） …………………………………………………… 139

实验十七　电路设计（二） …………………………………………………… 141

第三篇　PSpice 电路仿真技术

第七章　PSpice 软件和仿真应用 ……………………………………………… 143

第一节　PSpice 软件组成 ……………………………………………………… 143

第二节　PSpice 主要分析功能和特点 ………………………………………… 144

第三节　电子电路 PSpice 程序辅助分析（一） ……………………………… 145

第四节　电子电路 PSpice 程序辅助分析（二） ……………………………… 154

附录　常用集成电路外引脚图 …………………………………………………… 159

参考文献 …………………………………………………………………………… 163

第一篇 实 验 基 础

第一章 测量与误差理论

第一节 实 验 测 量

一、测量的基本概念

（一）测量

科学实验离不开测量，测量是人们对自然界中的客观事物取得数量的一种认识过程。在这一过程中，人们借助于专门的设备，通过实验的方法，把被测量的量与其同类的习惯上作为测量单位的量进行比较，以求出被测量的量值。因此，测量的过程实质上是一种比较过程。被测量的量值（x）一般由两部分组成：一部分是数字值（A_s），另一部分是测量单位（x_0），即

$$x = A_s x_0 \tag{1-1}$$

式（1-1）表明，被测量的量值 x 等于 A_s 个单位量 x_0。

被测量的数字值因所选定的测量单位不同而异。选定的测量单位不同，将得到不同的数字值。例如，在测量某一被测量 x 时，先用测量单位 x_{01}，后用测量单位 x_{02}，则有

$$x = A_{s1} x_{01}, \ x = A_{s2} x_{02}$$

于是有

$$\frac{A_{s1}}{A_{s2}} = \frac{x_{02}}{x_{01}}$$

式中：A_{s1} 和 A_{s2} 分别为两次测量结果的数字值。

由上面分析可知，被测量的数字值与选定的单位大小成反比。所选定的单位大，测量结果的数字值就小；反之，若选定的单位小，则测量结果的数字值就大。

如果令 $k = x_{01}/x_{02}$，则

$$A_{s2} = k A_{s1} \tag{1-2}$$

式中：k 为两个不同单位的换算因子。

式（1-2）表明，用一定的单位去测量某一量所得的数字值，乘上它们之间的换算因子 k 后，将得出用新单位表示的该量的数字值。

（二）测量单位

测量单位的确定和统一是非常重要的。为了保证对同一量在不同时间、空间进行测量时得到相同的结果，必须采用统一且固定不变的单位。

单位制的建立解决了这个问题。单位制的种类很多，目前普遍采用的是国际单位制，代号为 SI。SI 制包括七个基本单位、两个辅助单位和其他导出单位。

七个基本单位如下：

（1）长度单位——m（米）；

（2）质量单位——kg（千克）；

（3）时间单位——s（秒）；

（4）电流单位——A（安培）；

（5）热力学温度单位——K（开尔文）；

（6）光强度单位——cd（坎德拉）；

（7）物质的量单位——mol（摩尔）。

两个辅助单位：rad（弧度）和 sr（球面度）。其他物理量的单位均可用上述七个基本单位导出，称为导出单位。

在电磁测量技术领域中，只需用上述七个基本单位中的前四个单位（即 m、kg、s 和 A）即可导出所有电磁物理量的单位。常用电磁物理量单位有 N（牛顿）、J（焦耳）、W（瓦特）、C（库仑）、V（伏特）、F（法拉）、Ω（欧姆）、S（西门子）、Wb（韦伯）、H（亨利）、T（特斯拉）等。

二、测量设备

在测量过程中，用来实现确定被测量这一过程的各种技术工具统称为测量设备。它包括度量器和测量仪器两种基本类型。

（一）度量器

测量是一种比较过程，仅有测量单位并不能完成测量任务，还需要体现测量单位的实物复制体，用来复制和保存测量单位。这种实物复制体就称为度量器。根据量值传递作用的不同和准确度的高低，度量器可分为基准器、标准器和工作度量器三类。

基准器是用现代科学所能达到的最高准确度来复制和保存测量单位的度量器，并作为国家处理测量事务的法定基础和测量科学基础。

在电工测量中，主要的基准器有电压基准器、电阻基准器和电容基准器等，它们共同构成了电工测量的基础。

标准器的准确度低于基准器，供计量部门对工作度量器进行检定或标定时使用，按用途可分为一等标准器和二等标准器。

工作度量器是专供日常测量时使用的度量器。在电工测量中常用的标准电池、标准电阻、标准电容和标准电感都属于这一类。

（二）测量仪器

测量仪器可分为测量指示仪表和较量仪器两类。直接由仪表指示机构的指示值读取测量结果的测量仪器，称为测量指示仪表，如电压表、电流表等。在测量过程中必须与度量器进行比较才能获得测量结果的测量仪器，称为较量仪器，如电桥、电位差计等。

随着电子科学技术的不断发展，以各种电子元器件、部件为核心组成的测量仪器大量出现，如各种多功能的电子示波器、信号发生器、图示仪、频谱仪及数字电压表等，这些测量仪器称为电子测量仪器。近几年来，随着微型计算机技术的引入、开发和应用，测量技术正在向数字化、智能化、系统化方向发展。

三、测量方式与方法

（一）测量方式

测量方式分为直接测量、间接测量和组合测量。

1. 直接测量

利用测量仪器仪表直接获得测量结果的测量方式称为直接测量。这种方式就是将被测量与标准量直接比较，或者是通过事先刻度好的仪表进行测量。例如，用尺测量长度，用电流表测量电流，用直流电桥测量电阻，用数字频率计测量频率等。

2. 间接测量

若被测量与几个物理量存在某种函数关系，且无法或不便直接测量，则可先直接测量得到这几个物理量的值，然后再由函数关系计算出被测量的数值，这种测量方式称为间接测量。例如，测量电阻时，可用电压表测出该电阻（R）两端的电压（U），用电流表测出流过该电阻的电流（I），然后根据欧姆定律

$$R = \frac{U}{I}$$

求出被测量电阻值。这一测量过程就属于间接测量。间接测量比较麻烦，但是在被测量不可直接测量，或直接测量很复杂，或直接测量误差较大，或缺少直接测量仪器时，可采用间接测量。

3. 组合测量

当有多个被测量，且它们与几个可直接或间接测量的物理量之间满足某种函数关系时，可通过联立求解函数关系式（方程组）获得被测量的数值，这种测量方式称为组合测量。测量某标准电阻的一次项温度系数 α 和二次项温度系数 β 的值，便是组合测量的一个例子。标准电阻的电阻值与温度之间满足

$$R_t = R_{20}[1 + \alpha(t-20) + \beta(t-20)^2]$$

式中：t 为摄氏温度，℃；R_t 为温度为 t 时的电阻值；R_{20} 为温度为 20℃时的电阻值；α、β 为标准电阻的温度系数。

因此，在测得该标准电阻在 20℃、t_1、t_2 时对应的电阻值 R_{20}、R_{t1}、R_{t2} 后就可列出下列方程组

$$\begin{cases} R_{t1} = R_{20}[1 + \alpha(t_1-20) + \beta(t_1-20)^2] \\ R_{t2} = R_{20}[1 + \alpha(t_2-20) + \beta(t_2-20)^2] \end{cases}$$

解出上述方程组便可确定该标准电阻的一次项温度系数 α 和二次项温度系数 β。

（二）测量方法

测量过程可以是直接的，也可以是间接的。根据是否有度量器直接参与测量过程，可以将测量方法分为直读法和比较法两大类。

1. 直读法

直接从仪表上读取读数的测量方法称为直读法。在直读法的测量过程中，度量器不直接参与作用。例如，用欧姆表测量电阻时，没有直接使用标准电阻与被测量的电阻进行比较，而是直接根据欧姆表指针在欧姆标尺上的位置读取被测电阻数值。在这种测量过程中，标准电阻间接参与作用，因为欧姆表的标尺是事先经过"标准"的。此外，用电流表测量电流、用电压表测量电压、用功率表测量功率等都是用直读法测量的例子。

直读法的优点是设备简单、操作简便，缺点是测量的准确度不高。

2. 比较法

将被测量与度量器通过较量仪器进行比较，从而测量被测量的方法称为比较法。在比较法中，度量器是直接参与作用的。例如，用天平测量物体质量的方法就是一种比较法，在测量过程中，做质量度量器的砝码始终参与测量。

根据被测量与标准量进行比较时的特点不同，又可将比较法分为平衡法、微差法、替代法。

（1）平衡法（零值法）。在测量过程中，连续改变标准量，使它产生的效应与被测量产生的效应相互抵消或平衡，这种方法称为平衡法。由于在平衡时指示器指零，所以平衡法又称为零值法。电桥和电位差计就是应用平衡法原理进行测量的。

（2）微差法（差值法）。如果在平衡法过程中，被测量与标准量不能平衡或标准量不便调节，则用测量仪器测量两者的差值或正比于差值的量，进而根据标准量的数值确定被测量的大小，这种方法称为微差法。

（3）替代法。将被测量与标准量分别接入同一测量装置，在标准量替代被测量的情况下调节标准量使测量装置的工作状态保持不变，从而可以用标准量的数值来确定被测量的大小，这种方法称为替代法。

比较法的优点是测量准确度、灵敏度高，适合精密测量；缺点是测量过程较为麻烦，所用仪器设备的价格较高。

应注意测量方式和测量方法概念上的区别。例如，用功率表测量功率既是直接测量方式又属于直读法；用电桥测量电阻则是直接测量方式，不属于直读法而属于比较测量法。

第二节 误 差 理 论

一、误差的来源与分类

测量过程中，由于各种原因的影响，测量结果和待测量的客观真值之间存在一定差别，即测量误差。在实验中进行测量和数据处理时，都应着眼于减少误差，尽可能使实验结果接近真值。因此，分析误差产生原因，采取相应措施减少误差，使测量结果更加准确，这对实验者来说是必须了解和掌握的。

误差产生的原因是多方面的，从误差的性质和来源上可分为系统误差和偶然误差两大类。

（一）系统误差

在相同条件下，多次测量同一个量值时误差的绝对值和符号保持不变，或在条件改变时按一定规律变化的误差，称为系统误差。由于系统误差具有规律性，就有可能通过试验和研究来发现它，找出其产生原因，从而设法防止和消除。有的系统误差可以计算出来加以改正。

系统误差主要来自仪器误差、方法误差和操作误差三个方面。

（1）仪器误差。任何一个测量系统在测量时都存在误差，其指示值均为被测量的近似值。仪器误差是由于测量仪器不完善而造成的误差，为仪器所固有的。

（2）方法误差。方法误差是由于实验理论、实验方法或实验条件不合要求而引起的误差。例如用伏安法测电阻，采用不同的连接方法，电表的内阻会给测量带来误差。

（3）操作误差。操作误差是使用仪器、仪表过程中，由于安装、调试、布局和使用不当所产生的误差。操作误差是因使用不规范所引起，故也称为使用误差。

（二）偶然误差（随机误差）

在同一条件下，对某一量进行多次测量时，每次测量的结果有差异，其差异的大小和符号正负不可预测，这种误差称为偶然误差或随机误差。

偶然误差是由于一些偶然的、不确定的因素引起的。例如，仪器校对不准；调节平衡时，平衡点未调准；读数不准确；实验仪器由于环境温度、湿度、振动、杂散电磁场的干扰，电源电压的波动等因素引起测量值的变化。这些因素的影响一般是微小的、混杂的，并且是随机出现的，这就难以确定某个因素产生的具体影响的大小。

每项测量的偶然误差是无规则的，但若测量次数充分多时，就会发现在一定条件下，它具有一定的规律性。这种规律性表现为偶然误差服从一定的统计规律，具体表现为：

（1）绝对值小的误差出现的概率比绝对值大的误差出现的概率要大得多；

（2）比真值大的测量值与比真值小的测量值出现的概率相等；

（3）绝对值相等的正误差与负误差出现的概率相等。

根据以上特点，可以通过对多次测量值取算术平均值的方法来削弱随机误差对测量结果的影响。因此，对于偶然误差可以用数理统计的方法来处理。

二、误差表示方法

误差表示方法可分为绝对误差和相对误差两种。

（一）绝对误差

设被测量的真值为 A_0，测量仪器的示值为 X，则绝对误差为

$$\Delta X = X - A_0$$

在某一时间及空间条件下，被测量的真值虽然是客观存在的，但一般无法测得，只能尽量逼近它。故常用准确度高一级的标准仪表测量的示值 A 代替真值 A_0，则

$$\Delta X = X - A$$

在测量前，测量仪器应由准确度高一级的标准仪器进行校正，校正量常用修正值 C 表示。对于被测量，准确度高一级的标准仪器的示值减去测量仪器的示值所得的值，就是修正值。实际上，修正值就是绝对误差，只是符号相反，即

$$C = -\Delta X = A - X$$

利用修正值便可求得该仪器所测量的实际值，即

$$A = X + C$$

例如，用电压表测量电压时，电压表的示值为 1.1V，通过检定得出其修正值为 −0.01V，则被测电压的真值为

$$A = 1.1 + (-0.01) = 1.09(\text{V})$$

修正值给出的方式可以是曲线、公式或数表。对于自动测量仪器，修正值则预先编制成有关程序，存于仪器中，测量时对误差进行自动修正，所得结果便是实际值。

（二）相对误差

绝对误差的大小往往不能确切地反映被测量的准确程度。例如，测量 100V 电压时，$\Delta X_1 = +2V$；测量 10V 电压时，$\Delta X_2 = +0.5V$。虽然 $\Delta X_1 > \Delta X_2$，但实际 ΔX_1 只占被测量的 2%，而在 ΔX_2 却占被测量的 5%，显然，后者误差对测量结果的相对影响大。因此，工程上常采用相对误差来比较测量结果的准确程度。

相对误差又分为实际相对误差、示值相对误差和引用（或满度）相对误差。

1. 实际相对误差

实际相对误差是用绝对误差 ΔX 与被测量的实际值 A 的比值的百分数来表示的，即

$$\gamma_A = \frac{\Delta X}{A} \times 100\%$$

2. 示值相对误差

示值相对误差是用绝对误差 ΔX 与仪器给出值 X 的百分数来表示的，即

$$\gamma_X = \frac{\Delta X}{X} \times 100\%$$

3. 引用相对误差

引用相对误差又称为满度相对误差（简称满度误差），它是用绝对误差 ΔX 与仪器的满刻度值 X_m 之比的百分数来表示的，即

$$\gamma_m = \frac{\Delta X}{X_m} \times 100\%$$

电工仪表的准确度等级就是由 γ_m 决定的。例如，1.5 级的电工仪表，表明 $\gamma_m \leqslant \pm 1.5\%$。我国电工仪表按 γ_m 值共分七级：0.1、0.2、0.5、1.0、1.5、2.5、2.0 级。若某仪表的等级是 S 级，满刻度值为 X_m，则其测量的绝对误差为

$$\Delta X \leqslant X_m S\%$$

其示值相对误差为

$$\gamma_X \leqslant \frac{X_m S\%}{X} \tag{1-3}$$

式（1-3）中，总是满足 $X \leqslant X_m$ 的，可见当仪表等级 S 选定后，X 越接近 X_m 时，γ_X 的上限值越小，测量越准确。因此，当使用这类仪表进行测量时，一般应使被测量的值尽可能在仪表满刻度值的 1/2 以上。

【例 1-1】 测量一个 10V、50Hz 的电压，现用 1.5 级电工仪表，可选用 15V 或 150V 的量程。问该如何选择量程？

解： 用量程 150V 时，测量产生的绝对误差为

$$\Delta V = V_m S\% = 150 \times (\pm 1.5\%) = \pm 2.25(V)$$

而用量程为 15V 时，测量产生的绝对误差为

$$\Delta V = V_m S\% = 15 \times (\pm 1.5\%) = \pm 0.225(V)$$

显然，用 15V 量程测量 10V 电压，绝对误差小得多。

三、测量结果的处理

（一）有效数字概念

由于在测量过程中不可避免地存在着一定的误差，并且仪表的分辨能力有一定的限制，因此测量数据就不可能完全准确。在一般情况下，测量结果的最后 1 位数字通常是估测出来的。

由于存在误差，所以测量数据是近似值，它通常由可靠数字和欠准数字两部分组成。例如，由电流表测得电流为 12.6mA，这是个近似数，其中 12 是可靠数字，而末位 6 为欠准数字，即 12.6 为 3 位有效数字。

对有效数字的正确表示，应注意以下几点：

（1）有效数字是指从左边第一个非零的数字开始，直到右边最后一个数字为止的所有数字。例如，测得的频率为 0.0246MHz，它是由 2、4、6 三个有效数字组成的频率值，而左边的两个 0 不是有效数字。因而它可以通过单位变换写成 24.6kHz，这时有效数字仍为 3

位，6 是欠准数字，未变。但不能将 0.0246MHz 写成 24 600Hz，因为后者的有效数字变为 5 位，最右边的 0 为欠准数字，两者意义完全不同。

（2）如已知误差，则有效数字的末位读数应与仪器误差的准确度相一致。例如，设仪表误差为 ±0.01V，测得电压为 11.3735V，结果应写 11.37V。

（3）当给出的误差有单位时，测量数据的写法应与其一致。

（二）数据舍入规则

为使正、负舍入误差出现的机会大致相等，现已广泛采用"小于 5 舍，大于 5 入，等于 5 时取偶数"的舍入规则。

（1）若保留 n 位有效数字，当后面的数值小于第 n 位的 0.5 单位就舍去。

（2）若保留 n 位有效数字，当后面的数值大于第 n 位的 0.5 单位就在第 n 位数字上加 1。

（3）若保留 n 位有效数字，在后面的数值恰为第 n 位的 0.5 单位，则当第 n 位数字为偶数（0、2、4、6、8）时，应舍去后面的数字（即末位不变）；当第 n 位数字为奇数（1、3、5、7、9）时，第 n 位数字应加 1（即将末位凑成为偶数）。这样，由于舍入概率相同，当舍入次数足够多时，舍入的误差就会抵消。同时，这种舍入规则使有效数字的尾数为偶数的机会增多，能被除尽的机会比尾数奇数的多，有利于准确计算。

（三）有效数字的运算规则

当测量结果需要进行中间运算时，有效数字的取舍原则上取决于参与运算的各数中精度最差的那一项。一般应遵循以下运算规则：

（1）当几个近似值进行加减运算时，在各数中（采用同一计算单位），以小数点后位数最少的那一个数（如无小数点，则为有效位数最少者）为准，其余各数均舍入至比该数多 1 位，而计算结果所保留的小数点后的位数，应与各数中小数点后位数最少者的位数相同；

（2）进行乘除运算时，在各数中，以有效数字位数最少的那一个数为准，其余各数及积（或商）均舍入至比该因子多 1 位，而与小数点位置无关；

（3）将数平方或开方后，结果可比原数多保留 1 位；

（4）用对数进行运算时，n 位有效数字的数应该用 n 位对数表；

（5）若计算式中出现如 e、π、$\sqrt{3}$ 等常数时，可根据具体情况来决定它们应取的位数。

四、实验曲线的绘制

实验技术中经常要绘制一些实验曲线，实验数据处理后在平面坐标中是一些离散的点，将这些离散点光滑地连接起来，即可得到实验曲线。绘制实验曲线的一般方法是：第一步，将测量数据点标在合适的坐标系中，为了保证所绘制的实验曲线的准确度，在曲线变化较大处应多取一些实验点，在曲线变化较小处可以少取一些实验点；第二步，做出拟合曲线。如图 1-1 所示，测试绘制 PN 结正向伏安特性曲线时，在曲线折点处应多取些测试点。

由于测量数据不可避免地存在误差，所以在一般情况下不应把各个数据点直接逐点连成曲线，应用绘图曲线板或借用计算机做出一条尽可能靠近多个数据点，且曲线两侧的数据点数目相差不多的平滑的拟合曲线，如图 1-2 所示。

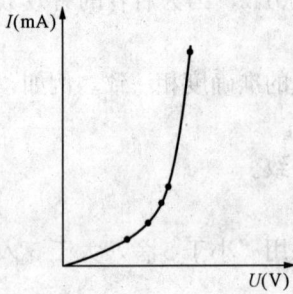

图 1-1　PN 结正向伏安特性曲线

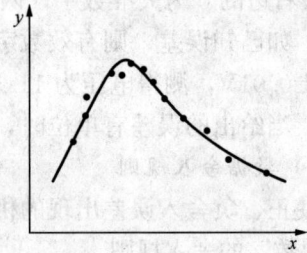

图 1-2　实验数据拟合曲线

第二章　常用仪器设备的使用

在电子电路实验中，经常使用的电子仪器有示波器、函数信号发生器、直流稳压电源、交流毫伏表及频率计等。它们与万用表一起，可以完成对电子电路工作情况的测试。

实验中要综合使用各种电子仪器，可按照信号流向，以连线简捷、调节顺手、观察与读数方便等原则进行合理布局。电子仪器与被测实验电路之间的布局与连接如图 2-1 所示。接线时应注意，为防止外界干扰，各仪器的公共接地端应连接在一起，称为共地。信号源和交流毫伏表的接线通常采用屏蔽线或专用电缆线，示波器接线采用专用电缆线，直流电源的接线采用普通导线。

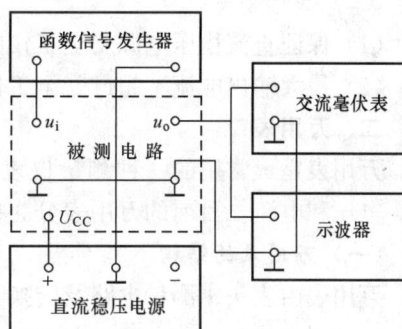

图 2-1　电子电路实验中电子仪器与被测实验电路之间的布局与连接

一、直流稳压电源

直流稳压电源是电子电路实验中常用的仪器，现以 EM1715 型三路直流稳压电源为例，介绍直流稳压电源的使用方法。

（一）基本特性

两路独立输出 0～30V 连续可调，最大电流为 3A；两路串联输出时，最大电压为 60V，最大电流为 3A；两路并联输出时，最大电压为 30V，最大电流为 6A。另一路为固定输出电压 5V，最大电流为 3A 的直流电源。

（二）使用方法

1. 双路可调电源独立使用

按钮开关（MEASURE）处于 INDEP 状态（即▲位置），将稳流调节旋钮（CURRENT）顺时针调节到最大，然后打开电源开关，调节电压调节旋钮（VOLTAGE），使从路和主路输出直流电压至所需要的电压值。此时稳压状态指示灯（CV）发光。

2. 可调电源作稳流源使用

在打开电源开关后，先将稳压调节旋钮顺时针调节到最大，按钮开关（MEASURE）处于 PARALLEL 状态（▬位置），同时将稳流调节旋钮逆时针调节到最小，然后接上所需负载，再顺时针调节稳流调节旋钮，使输出电流至所需要的稳定电流值。此时稳压状态指示灯（CV）熄灭，稳流状态指示灯（CC）发光。

3. 双路可调电源串联使用

将按钮开关（MEASURE）置于 SERIES 状态（即左▬位置，右▲位置）。调节主路电源电压调节旋钮，从路的输出电压严格跟踪主路输出电压，使输出电压最高可达两路额定电压之和。

注意：在串联连接时，主路和从路的连接片不能与地短路；从路的电流调节旋钮顺时针旋到最大，否则由于从路输出电流超过限流保护点，从路输出电压将不再跟踪主路的输出电压。

4. 双路可调电源并联使用

将按钮开关置于 PARALLEL 状态（即左▇位置，右▇位置）。调节主路电源电压调节旋钮，两路输出电压一样，同时从路稳流指示灯（CC）发光，而从路稳流调节旋钮不起作用。

当电源做稳流源使用时，只要调节主路的稳流调节旋钮，此时主路和从路的输出电流均受其控制并相同，其输出电流最大可达两路输出电流之和。

（三）注意事项

(1) 保证直流稳压电源安全工作的最大输入电压不超过规定值。

(2) 最大输出电流不超过安全工作所允许的最大输出电流。

二、万用表

万用表是最常用的一种测量仪表，也称繁用表或三用表。它有三个基本功能：测量电阻、电压和电流。目前的万用表分为指针式和数字式。

（一）万用表的结构

万用表由表头、测量电路及转换开关三个主要部分组成。

1. 表头

表头是一只高灵敏度的磁电式直流电流表，万用表的主要性能指标基本上取决于表头的性能。表头的灵敏度是指表头指针满刻度偏转时流过表头的直流电流值，这个值越小，表明表头的灵敏度越高。测电压时表头的内阻越大，其性能就越好。

2. 测量线路

测量线路是用来把各种被测量转换到适合表头测量的微小直流电流的电路。它由电阻、半导体元件及电池组成，能将各种不同的被测量（如电流、电压、电阻等）、不同的量程，经过一系列的处理（如整流、分流、分压等）统一变成一定量限的微小直流电流送入表头进行测量。万用表的测量功能越多，范围越广，测量线路就越复杂。

3. 转换开关

转换开关是用来选择各种不同测量线路的，以满足不同种类和不同量程的测量要求。万用表的转换开关采用多掷波段开关或专用转换开关。

（二）使用方法

万用表面板中，"A-"表示直流电流测量挡，一般毫安挡和安培挡各又分几挡。"V-"表示直流电压挡，高级一点的万用表还设有毫伏挡，电压挡也分若干挡。同理"V~"表示交流电压挡，"A~"表示交流电流挡。"Ω"表示欧姆挡是用来测电阻的，对于指针式万用表，每换一次电阻挡还要做一次调零。调零就是把万用表的红表笔和黑表笔搭在一起，然后转动调零钮，使指针指向零的位置。"h_{FE}"是由于测量三极管的电流放大系数的，只要把三极管的三个引脚插入万用表面板上对应的孔中，就能测出 h_{FE} 值。注意：PNP、NPN 管的管脚位置是不同的。

以测量电阻值为例，第一条刻度线是电阻值指示，刻度线最左端是无穷大，右端为零，其间刻度不均匀。电阻挡有 $R×1$、$R×10$、$R×100$、$R×1k$、$R×10k$ 挡，读取刻度的指示要再乘上各挡的倍数，才得到实际的电阻值（Ω）。例如用 $R×100$ 挡测一电阻，指针指示为

"10"，那么它的电阻值为 $10 \times 100 = 1000$（Ω），即 1kΩ。第二条刻度线为电压挡和电流挡共用，需要注意的是电压挡、电流挡的指示原理不同于电阻挡。例如 500V 挡表示该挡只能测量 500V 以下的电压，500mA 挡只能测量 500mA 以下的电流，若是超过量程，就有可能损坏万用表。

（三）注意事项

（1）在使用万用表之前，应先进行"机械调零"，即在没有被测电量时，使万用表指针指在零电压或零电流的位置上。

（2）在使用万用表过程中，不能用手去接触表笔的金属部分，这样一方面可以保证测量的准确，另一方面也可以保证人身安全。

（3）在测量某一电量时，不能在测量的同时换挡，尤其是在测量高电压或大电流时，更应注意；否则，会将万用表毁坏。如需换挡，应先断开表笔，换挡后再去测量。

（4）万用表在使用时，必须水平放置，以免造成误差；同时，还要注意避免外界磁场对万用表的影响。

（5）万用表使用完毕，应将转换开关置于交流电压的最大挡。如果长期不使用，还应将万用表内部的电池取出来，以免电池腐蚀表内其他器件。

三、交流毫伏表

（一）基本特性

交流毫伏表的功能是在其工作频率范围之内，测量正弦交流电压的有效值。其结构包括高稳定度放大电路及表头指示电路。双通道交流毫伏表分别由两组性能相同的电路组成。

双通道交流毫伏表可测量电压的频率范围宽（5Hz～1MHz），测量电压灵敏度高（30μV～100V 或 100μV～300V）；共分 1、3、10、30、100、300mV 和 1、3、10、30、100、300V 十二挡；电平（单位：dB）刻度范围是−60～+50dB。该种表噪声低，测量误差小，具有相当好的线性度。

（二）操作步骤

（1）接通 220V 电源，按下电源开关，电源指示灯亮，仪器开始工作。为了保证仪器稳定性，需预热 10s 后使用，开机后 10s 内指针无规则摆动属正常。

（2）将输入测试探头与被测电路并联，观察表头指针在刻度盘上所指的位置。若指针在起始点位置基本没动，说明被测电路中的电压甚小且毫伏表量程选得过高，此时用递减法由高量程向低量程变换，直到表头指针指到满刻度的 2/3 左右即可。

（3）准确读数。表头刻度盘上共刻有四条刻度，第一条刻度和第二条刻度为测量交流电压有效值的专用刻度，第三条和第四条为测量电平值的刻度。当量程开关分别选 1mV、10mV、100mV、1V、10V、100V 挡时，就从第一条刻度读数（逢 1 就从第一条刻度读数）；当量程开关分别选 3mV、30mV、300mV、3V、30V、300V 挡时，应从第二条刻度读数（逢 3 从第二刻度读数）。例如，将量程开关置 1V 挡，就从第一条刻度读数。若指针指的数字是在第一条刻度的"0.7"处，其实际测量值为 0.7V；若量程开关置 3V 挡，就从第二条刻度读数。若指针指在第二条刻度的"2"处，其实际测量值为 2V。以上举例说明，当量程开关选在某个挡位，比如 1V 挡位，此时毫伏表可以测量外电路中电压的范围是 0～1V，满刻度的最大值也就是 1V。

当用该仪表去测量外电路中的电平值时，就从第三、第四条刻度读数，读数方法是：量程数加上指针指示值，等于实际测量值。

（三）注意事项

（1）仪器在通电之前，一定要将输入电缆的红黑夹相互短接，以防仪器在通电时因外界干扰信号通过输入电缆进入电路放大后，再进入表头将表针打弯。

（2）测量前应短路调零。打开电源开关，将测试线（也称开路电缆）的红黑夹夹在一起，将量程旋钮旋到1mV量程，指针应指在零位（有的毫伏表可通过面板上的调零电位器进行调零；凡面板无调零电位器的，内部设置的调零电位器已调好）。若指针不指在零位，应检查测试线是否断路或接触不良，如是则应更换测试线。

（3）交流毫伏表灵敏度较高，打开电源后，在较低量程时由于干扰信号（感应信号）的作用，指针会发生偏转，称为自起现象。所以在不测试信号时应将量程旋钮旋到较高量程挡，以防打弯指针。

（4）使用前应先检查量程旋钮与量程标记是否一致，若错位会产生读数错误。

（5）交流毫伏表只能用来测量正弦交流信号的有效值，若用于测量非正弦交流信号，要经过换算。

四、函数信号发生器

函数信号发生器可以输出正弦波、方波、三角波三种信号波形，输出电压最大可达20V。通过输出衰减开关和输出幅度调节旋钮，可使输出电压在毫伏级到伏级范围内连续调节。函数信号发生器的输出信号频率可以通过频率分挡开关进行调节。

（一）基本功能

（1）电源开关键（POWER），按下电源接通（ON），弹起关断电源（OFF）。

（2）量程选择键〔RANGE（Hz）〕，共有七个键，即2、20、200、2k、20k、200k、2M（Hz）。

（3）功能键（FUNCTION），共有三个键，即方波⊓⊔（占空比为50%）三角波∧∨（正、负斜率相等）和正弦波∿。

（4）频率调节旋钮（FREQUENCY），与量程选择键配合使用，如果量程选择键在2kHz，改变频率调节旋钮可获得0.2～2kHz范围内的任一频率信号，其余依次类推。

（5）输出（OUTPUT），为被测电路提供信号，输出阻抗约50Ω。

（6）输出幅度调节旋钮（AMPLITUDE），用于调节输出信号的幅度大小，$U_{p-p} \geqslant 20V$。

（二）扩展按钮

除上述常用的一些键和旋钮外，为获得一些特殊场合所需要的电信号，函数信号发生器还有如下几个旋钮：

（1）输出信号倒相旋钮（PULL TO INV）。该旋钮与输出幅度调节旋钮在一起，拉出时使输出信号倒相（相位差为180°），按下时输出信号不倒相。

（2）输出衰减键（ATTENUATOR）。按下20dB键，使输出相对衰减10倍，按下40dB键，使输出相对衰减100倍。

（3）斜率/脉冲旋钮（PULL TO VAR RAMP/PULSE）。按下功能键中的三角波键∧∨时，按下斜率/脉冲旋钮，这时输出为正、负斜率相等的三角波；此时若拉出该旋钮并旋转时，则可获得正、负斜率不等的锯齿波。按下功能键中的方波键⎍时，按下斜率/脉冲旋钮，这时输出为占空比 50%的方波；此时若拉出该旋钮，并旋转，则可获得占空比为 5%～95%的脉冲波。

（4）直流偏置旋钮（PULL TO VAR DC OFFSET）。该旋钮不拉出时，由前述方法中获得的正弦波、方波、三角波、脉冲波或锯齿波，其直流分量均为零。拉出该旋钮并旋转，则可以在输出信号获得－10～10V 的直流分量。

（5）TTL/CMOS 输出端口。该端口专门为晶体管逻辑电路（TTL）设置。

TTL/CMOS 调节旋钮。拉出该旋钮可得 TTL 脉冲波，按下可得 CMOS 脉冲波，且其幅度可调。

（6）电压控制端口（VCF）。因为该函数信号发生器产生的各种波形不是采用 RC 或 LC 振荡器的原理，而是采用电压控制振荡频率的原理，因此可以采用外加电压控制来获得所需要频率的各种波形。

（7）计数器作频率计使用键（COUNTER EXT/－20dB）。该键设在仪器的背面，输入外部测试信号。按下 COUNTER EXT 键，即将内部信号断开，用于测量外部信号频率；按下－20dB 键，使信号衰减 10 倍。

五、示波器

（一）概述

示波器是利用电子示波管的特性，将人眼无法直接观测的交变电信号转换成图像，显示在荧光屏上以便测量的电子测量仪器。荧光屏上水平方向和垂直方向各有多条刻度线，指示出信号波形的电压和时间之间的关系。水平方向指示时间，垂直方向指示电压。根据被测信号在屏幕上占的格数乘以适当的比例常数（V/div 或 TIME/div）能得出电压值与时间值。示波器是观察实验现象，分析实验中的问题，测量实验结果必不可少的重要仪器。示波器一般由示波管和电源系统、同步系统、X 轴偏转系统、Y 轴偏转系统、扫描系统、标准信号源组成。

（二）操作说明

（1）示波器前、后面板控制件位置分别如图 2-2、图 2-3 所示。

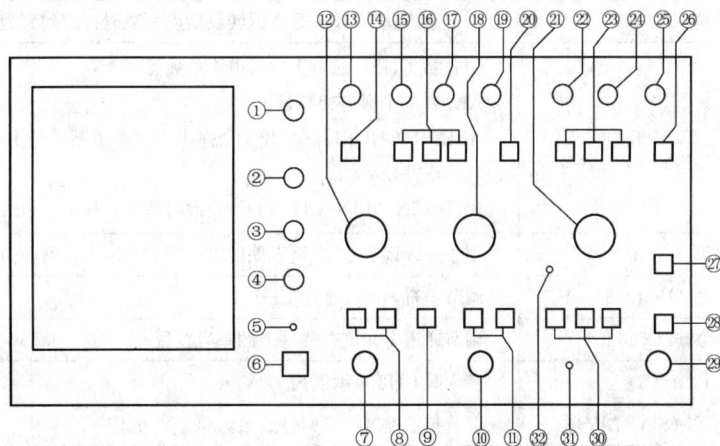

图 2-2　示波器前面板控制件位置图

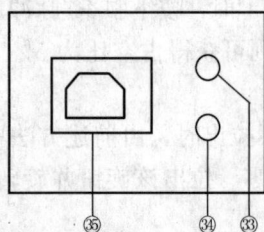

图 2-3　示波器后面板
控制件位置图

（2）示波器各控制件的功能见表 2-1。

（三）操作方法

（1）一般应用时示波器控制件的作用位置见表 2-2。

（2）示波器开启步骤。

1）接通电源，电源指示灯亮，稍候预热，屏幕上出现光迹，分别调节亮度、聚焦、迹线旋转，使光迹清晰并与水平刻度平行。

2）用 10∶1 探极将校正信号输入至 CH1 输入插座，调节 CH1 移位与 X 移位。

表 2-1　　　　　　　　　　示波器各控制件功能表

序号	控制件名称	功　能
①	亮度（INTENSITY）	调节光迹的亮度
②	聚焦（FOCUS）	调节光迹的清晰度
③	迹线旋转（ROTATION）	调节光迹与水平刻度平行
④	探极校正信号（CAL）	提供幅值为 0.5V、频率为 1kHz 的方波信号，用于校正 10∶1 探极补偿电容
⑤	电源指示（POWER IN）	电源接通时，灯亮
⑥	电源开关（POWER）	电源接通或断开
⑦	CH1 OR X	被测信号 1 的输入插座
⑧	耦合方式（AC-DC-GND）	用于选择被测信号输入垂直通道的耦合方式
⑨	CH2 INVERT	在 ADD 方式时，使 CH1＋CH2 或 CH1－CH2
⑩	CH2 OR Y	被测信号 2 的输入插座
⑪	耦合方式（AC-DC-GND）	用于选择被测信号输入垂直通道的耦合方式
⑫	灵敏度开关（VOLTS/DIV）	调节垂直偏转灵敏度 CH1
⑬	CH1 移位（POSITION）	调节通道 1 光迹在屏幕上的垂直位置
⑭	CH1×5	接入时 CH1 灵敏度为 1mV/div
⑮	微调（VAR）	用于连续调节 CH1 垂直偏转灵敏度. 顺时针旋到底为校准状态
⑯	垂直方式（VERT MODE）	CH1 或 CH2：通道 1 或通道 2 单独显示 ALT：两个通道交替显示 ALL UP CHOP：三只开关全弹出，两通道断续显示，用于扫描速度较慢时的双踪显示 BOTH IN ADD：CH1 和 CH2 同时按入，显示两通道的代数和或差
⑰	微调（VAR）	用于连续调节 CH2 垂直偏转灵敏度，顺时针旋到底为校准状态
⑱	灵敏度开关（VOLTS/DIV）	调节垂直偏转灵敏度 CH1
⑲	CH2 移位（POSITION）	调节通道 2 光迹在屏幕上的垂直位置
⑳	CH2×5	接入时 CH2 灵敏度为 1mV/div
㉑	扫描开关（SEC/DIV）	调节扫描速度；顺时针旋足为 X－Y 方式
㉒	微调（VAR）	用于连续调节扫描速度，顺时针旋足为校准

序号	控制件名称	功　能
㉓	触发方式（TRIG MODE）	常态（NORM）：无信号时，屏幕上无显示；有信号时，与电平控制配合显示稳定波形 自动（AUTO）：无信号时，屏幕上显示光迹；有信号时，与电平控制配置显示稳定波形 电视场（TV）：用于显示电视场信号
㉔	水平移位（POSITION）	调节迹线在屏幕上的水平位置
㉕	电平（LEVEL）	用于调节被测信号在某一电平触发扫描
㉖	触发极性（SLOPE）	用于选择信号的上升沿或下降沿触发扫描
㉗	水平扩展×10	按下时扫描速度被扩展 10 倍
㉘	触发源选择	INT（内），EXT（外）
㉙	外触发输入（EXT INPUT）	外触发输入插座
㉚	内触发源选择	CH1、CH2 交替触发或 LINE 电源触发（全部弹出为电源触发）
㉛	接地插孔	用于与被测信号源共地
㉜	触发指示（TRIG D）	在触发扫描时，灯亮
㉝	信号输出（SIGNAL OUT）	输出频率与稳定显示的某通信信号一致（用于外监频）
㉞	Z 轴输出（Z INPUT）	亮度调制信号输入插座
㉟	电源插座及熔丝座	220V 电源插座，熔丝容量为 1A

表 2-2　　　　　　　　　　一般应用时示波器控制件的作用位置

控制件名称	作用位置	控制件名称	作用位置
亮度（INTEN）	居中	触发方式	峰值自动
聚焦（FOCUS）	居中	扫描速度（SEC/DIV）	0.5ms
位移（CH1，CH2，X）	居中	极性（SLOPE）	正
垂直方式（VERT MODE）	CH1	触发源	INT
VOLTS/DIV	10mV	内触发源	CH1
微调（VAR）	校正位置	输入耦合	AC

3）调节亮度电位器，使屏幕显示的光迹亮度适中。一般观察不宜太亮，以免荧光屏老化，高亮度的显示一般用于观察低频率的快扫描信号。

（3）垂直系统的操作。

1）垂直方式的选择。当需要观察一路信号时，将 MODE 开关置 CH1 或 CH2，此时被选中的通道有效，被测信号可以从通道端口输入。当需要同时观察两路信号时，将 MODE 置交替 ALT，该方式使两个通道的信号被交替显示，交替显示的频率受扫描周期控制。当扫描速度低于一定频率时，交替方式显示会出现闪烁，此时应将开关置于断续 CHOP 位置。当需要观察两路信号代数和的时候，将 MODE 开关置于 ADD 位置，在选择这种方式时两个通道的衰减设置必须一致，CH2 INVERT 弹出时为 CH1＋CH2，按入时为 CH1－CH2。

2) 输入耦合的选择。

直流（DC）耦合：适用于观察包含直流成分的被测信号，如信号的逻辑电平和静态信号的直流电平；当被测信号的频率很低时，也必须采用这种方式。

交流（AC）耦合：信号中的直流分量被隔断，用于观察信号的交流分量，如观察较高直流电平上的小信号。

接地（GND）：通道输入端接地（输入信号断开）用于确定输入为零时光迹所处位置。此时，调节选定通道的垂直位移旋钮，使零电平基准线落在屏幕中间刻度线上。

（4）触发源的设置。

触发源选择：当触发源开关置于电源触发 LINE，机内 50Hz 信号输入到触发电路；外触发 EXT 由面板上外触发输入插座输入触发信号；内触发 INT 由内触发源选择开关控制。

其中触发信号源选择开关置于 INT 时，设置为 CH1 或 CH2 的输入信号作为触发源。

1）CH1 触发：触发源取自通道 1。

2）CH2 触发：触发源取自通道 2。

3）VERT MODE 触发：触发源受垂直方式开关控制，当垂直方式开关置于 CH1，触发源自动切换到通道 1；当垂直方式开关置于 CH2，触发源自动切换到通道 2；当垂直方式开关置于 ALT，触发源与通道 1、通道 2 同步切换，在这种状态使用时，两个不相关的信号其频率不应相差很大，同时垂直输入耦合应置于 AC，触发方式应置于 AUTO 或 NORM。当垂直方式开关置于 CHOP 和 ADD 时，内触发源选择应置于 CH1 或 CH2。

（5）水平系统的操作。

1）扫描速度的设定。扫描范围从 $0.2\mu s/div \sim 0.2s/div$ 按 1、2、5 进位分 19 挡，微调提供至少 2.5 倍的连续调节，根据被测信号频率的高低选择合适的挡级。在微调顺时针旋足至校正位置时，可根据开关的示值和波形在水平轴上的距离读出被测信号的时间参数。当需要观察波形某一个细节时，可进行水平扩展×10，此时原波形在水平轴方向上被扩展 10 倍。

2）触发方式的选择。

常态（NORM）：无信号输入时，屏幕上无光迹显示；有信号输入时，触发电平调节在合适位置上，电路被触发扫描。当被测信号频率低于 20Hz 时，必须选择这种方式。

自动（AUTO）：无信号输入时，屏幕上无光迹显示；一旦有信号输入时，电平调节在合适位置上，电路自动转换到触发扫描状态，显示稳定的波形。当被测信号频率高于 20Hz 时，常用这种方式。

电视场（TV）：对电视信号中的场信号进行同步，在这种方式下被测信号是同步信号为负极性的电视信号。如果被测信号是正极性的，则可由 CH2 输入，借助于 CH2 INVERT 按入把正极性转变为负极性后测量。

峰值自动（P-P AUTO）：这种方式同自动方式，但无需调电平即可同步，一般用于正弦波、对称方波或占空比不大的脉冲波。对于频率较高的测试信号，有时也要借助于电平调节，它的触发同步灵敏度要比"常态"和"自动"稍低一些。

3）极性的选择（SLOPE）。用于选择被测信号的上升沿或下降沿去触发扫描。

4）电平的选择（LEVEL）。用于调节被测信号在某一合适的电平上启动扫描，当产生触发扫描后，TRIG 指示灯亮。

（6）与示波器的连接。

1）有的示波器有 10：1 和 1：1 可转换的探极。为减小探极对电路的影响，一般用 10：1 的探极，此时探极的输入阻抗为 $10M\Omega$，输入电容为 16pF；衰减比为 1：1 的探极用于观察小信号，但是此时的输入阻抗降为 $1M\Omega$，输入电容约为 70pF。

2）为了提高测量准确度，探极上的接地和被测电路应尽量采用最短的连线，在频率较低、测量准确度不高的情况下，可用前面板上的接地和被测电路的地连接，以方便测试。

3）使用 10：1 探极时，必须对探极进行检查和补偿调节。

（四）示波器相位测量

对于两个同频信号间的相位差可以用示波器的双迹功能来进行测量，这种相位差的测量可以使用到垂直系统的频率极限，具体步骤如下：

（1）预置仪器控制件获得光迹基线，然后将垂直方式开关置于"交替"，触发源置于"垂直"；

（2）用两根具有相同特性的探极或同轴电缆，把两个信号输入 CH1、CH2，并调节使波形稳定；

（3）调节 CH1、CH2 垂直位移，使两踪波形均移到上下对称于中轴上，读出 X 和 X_T，相位差 $\varphi = \dfrac{X}{X_T} \times 360°$，如图 2-4 所示。

此外，示波器还有一些更复杂的功能，如延迟扫描、触发延迟、X—Y 工作方式等。

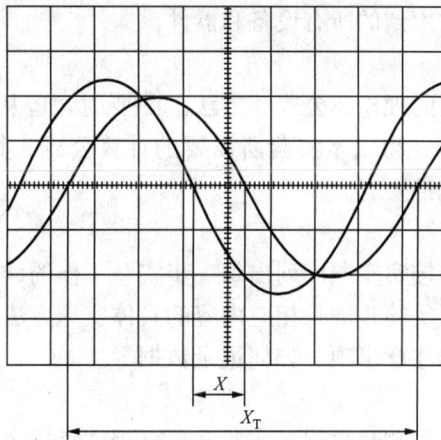

图 2-4　双踪波形示意图

第三章 实 验 要 求

第一节 实 验 报 告

实验报告是对实验工作的记录和总结，通过实验报告应能够了解实验的全部工作内容。一份完整的实验报告一般包括概述、实验目的、原理、实验器材、实验内容及实验步骤、原始实验数据记录、数据处理、误差分析、结论等。学生实验报告还包括一些与本次实验有关思考题的解答。

一、概述

概要说明本实验的背景、意义、用途等，学生实验报告中通常不包括此项。

二、实验目的

对于验证性的学生实验报告，用若干简单语句说明通过本实验要观察什么实验现象，了解某元件或某器件的什么作用，学习什么测量方法，掌握什么实验技能，验证什么定理或公式等。对于设计性的学生实验报告，则要说明用什么原理设计什么单元电路等。

三、实验设备与器件

一般采用列表方式说明所有实验设备和器件，包括实验仪器、单元板、专用电路实验板、元器件、导线等实验中用到的所有设备和器件。

四、实验原理

简要概述本实验所涉及的理论、公式、方法。必要时，应从通用的公式、公理、定理、经验公式等进行简单的推导，得出本实验所需要的计算公式。其中每一部分内容都要写清楚，原理（电路）图、公式都要有。

五、实验内容

实验内容要分清层次，按实验顺序列出每一步实验工作的详细内容，阐明实验方法、实验步骤，绘制实验电路等。实验步骤是相应内容的具体实施方法，包括如何调整电源、如何连接电路图、有什么特殊的注意事项、如何记录数据等。

六、原始记录

原始记录包括实验现象和测量数据。实验现象可用文字描述，必要时可给出示意图或照片、曲线等，以达到简洁、明了。测量数据包括按一定有效数字记录的实测数值、误差、量纲等。

七、数据处理

首先说明用哪个公式处理哪些数据，然后列出最终的计算结果，如有必要，还要绘制实验曲线。实验曲线一般有直方图、折线图、光滑曲线等，其中最常用的是光滑曲线，可用手工描绘，也可以通过某种算法拟合或插值。描绘曲线时，由于测量存在误差，曲线可以不通过实测值所确定的坐标点，但要求曲线光滑、实测坐标点分居曲线两侧，并且力求实测坐标点与曲线的距离尽可能小。

八、误差分析

通过测量方法、近似计算、数据特征等分析误差种类，找出误差原因，给出误差的大小，判断是否能修正误差，提出减小测量误差的方法。

九、结论

给出与实验目的相呼应的结论，总结实验过程中的体会，也可以提出一些对本实验的改进建议和展望。

十、思考题

思考题是针对学生实验设置的内容，是必做内容。通过回答思考题，可以加深对实验内容的理解。一般对思考题只需简要回答若干要点，不必高谈阔论，必要时可用示意图、公式、数据等进行说明。

实验报告的典型格式见表 3 - 1。

表 3 - 1　　　　　　　　　　　实 验 报 告 典 型 格 式

电路基础实验报告

实验名称_____

　　　　　_____院系_____班

姓名_____　学号_____

实验日期及时间_____

一、实验目的

二、实验设备和器件（包括名称、型号、数量等）

三、实验原理

四、实验内容

五、实验结果与数据处理（包括测量数据表格、曲线、图形等）

六、思考题

第二节 实验室管理规定

一、实验室规则

（1）实验室是学校师生教学、实验的场所，除科学研究和社会服务外，不能挪作他用。

（2）凡进入实验室的人员，必须遵守实验室的各项规章制度，根据教学和科研的要求，由实验室统一安排实验。

（3）爱护实验仪器、设备，做到经常检查、维护和保养，使仪器设备处于良好状态。在使用仪器中，如发生损坏丢失情况，应视情节赔偿。

（4）对精密、贵重仪器和大型设备，应建立技术档案和使用记录，并由经过专门培训的指定人员负责。

（5）实验室所有仪器、设备都不得带出实验室，特殊情况下，校内单位借用，须经实验室主任批准，校外单位借用须经院领导批准。

（6）非实验人员到实验室进行实验，校内人员须经实验室主管二级学院（系、部）领导批准，校外人员须经院领导批准。

（7）实验室对有毒、有害、易燃、易爆、易腐蚀、贵重金属等专门物品，应实施专人保管、严格领用制度，使用中应严格按照有关规定进行。

（8）实验室仪器设备、器材及用品应建立账、卡，做到账、卡、物一致，严禁私自拆改装仪器设备，造成事故者追究责任。仪器报废时填写报废仪器报告，较大仪器设备报废时，教务处、实验中心应组织有关专家做技术论证，上报学院批准。

（9）实验室新到人员，应有专人负责进行一段时间的操作技能训练，经考试合格后，方允许其独立操作。

（10）实验室不得存放任何与实验室无关的物品，更不允许存放私人物品。

（11）实验室应时刻做好防火、防盗工作，配备防火器材。实验结束后和每日下班前，应注意检查水、电、门窗是否关好，杜绝安全隐患，确保实验室安全，对玩忽职守者，追究个人责任。

二、实验室安全制度

（1）实验室安全工作必须遵循"安全第一、预防为主"的方针，各院（系、部）行政一把手为本院（系、部）实验室安全第一责任人，实验中心主任为全院实验室安全总责任人。

（2）各院（系、部）应从思想上高度重视实验室安全工作，应明确实验室安全责任人，强化安全责任意识，确保人员和财产的安全。

（3）实验室必须根据本实验室的具体情况，制定安全管理制度和安全操作规程，并公示在实验室内明显的地方。

（4）学生首次做实验，必须对他们进行安全教育，宣讲《学生实验守则》和有关注意事项。

（5）对压力容器，电工、焊接、锻压、铸造设备，振动、噪声、高温、高压及具有放射性物质等场合及其有关设备，要制定严格的操作规程。

（6）对易燃、易爆、有毒、放射性等危险品，要按规定设专用库房存放，并要有专人妥善保管，严格领用手续，严格执行《剧毒、易燃、易爆、放射性危险品管理规定》。

（7）电气设备的线路必须按规定装设，禁止超负荷用电。有接地要求的仪器必须按规定接地，定期检查。

（8）水源、电源总闸应有专人负责。要按规定备好消防器材，下班时和节假日要切断电源开关，关好水龙头。

（9）实验室内严禁存放私人物品，实验室的钥匙只能由实验室专职人员和院（系、部）主任配有，非实验室人员不得随意进入实验室。

（10）对违章操作，玩忽职守，忽视安全而造成的火灾、失窃、大型仪器设备损坏、人身伤亡等重大事故，将追究有关当事人的责任；同时必须保护好现场，并立即向校领导和有关部门报告。

（11）实验室卫生分工明确，责任到人，各实验室由专人分管。

（12）建立安全卫生检查记录制度，实验室主任要不定期对安全卫生工作进行检查。

三、学生实验守则

（1）学生必须按规定的时间参加实验课，不得迟到、早退或无故缺课。

（2）实验前必须认真预习实验内容，明确实验目的、原理、方法和步骤，准备接受指导教师提问，没有预习或提问不合格者，须重新预习，方可进行实验。

（3）学生进入实验室必须衣着整洁，保持安静，遵守实验室各项规章制度，严禁高声喧哗、吸烟、随地吐痰或吃零食，不得随意动用与本实验无关的仪器。

（4）实验准备就绪后，须经指导教师检查同意，方可进行实验。实验中应严格遵守仪器、设备操作规程，认真观察和分析现象，如实记录实验数据，独立分析实验结果，认真完成实验报告，不得抄袭他人实验结果。

（5）实验中要爱护实验仪器、设备，注意安全，节约水、电、药品、试剂、元件等消耗材料，凡违反操作规程或不听从指挥而造成事故、损坏仪器设备者，必须写出书面检查，并按学校有关规定赔偿损失。

（6）实验中若发生仪器故障或其他事故，应立即切断相关电源、水源等，停止操作，保持现场，报告指导教师，待查明原因或排除故障后，方可继续进行实验。

（7）实验完毕后，应及时切断电源，关好水、气，将所用仪器设备、工具等进行清理和归还，经指导教师同意后，方可离开实验室。

（8）应按实验要求及时、认真完成实验报告。凡实验报告不符合要求者，须重做，实验成绩考核不及格者，不能参加本门课程考试。

第二篇 基 本 实 验

第四章 电 路 分 析 实 验

实验一 电路元件伏安特性的测绘

一、实验目的

(1) 学会识别常用电路元件的方法。

(2) 掌握线性电阻、非线性电阻元件伏安特性的测绘方法。

(3) 加深对元件伏安特性的理解，验证欧姆定律。

(4) 掌握实验台上直流电工仪表和设备的使用方法。

二、实验主要设备与器件

(1) 可调直流稳压电源。

(2) 直流数字毫安表。

(3) 直流数字电压表。

(4) 普通二极管。

(5) 稳压管。

三、实验原理

任何一个二端元件的特性可用该元件上的端电压 U 与通过该元件的电流 I 之间的函数关系 $I=f(U)$ 来表示，即用 I—U 平面上的一条曲线来表征，这条曲线称为该元件的伏安特性曲线。

1. 线性电阻伏安特性

通过线性电阻的电流与其两端的电压成正比，即线性电阻的伏安特性曲线是一条通过坐标原点的直线，如图 4-1 中直线 a 所示。该直线的斜率的倒数等于该电阻元件的电阻值。

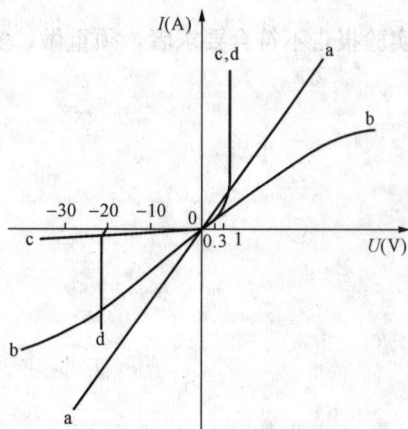

图 4-1 线性电阻伏安特性曲线

2. 非线性电阻元件伏安特性

如图 4-1 中曲线 b 所示，某电阻元件的电压与电流之间不是线性函数关系，则该电阻元件称为非线性电阻。普通二极管是一个非线性电阻元件，其伏安特性如图 4-1 中曲线 c 所示。正向压降很小，正向电流随正向压降的升高而急剧上升，而反向电压从零一直增加到十多伏至几十伏时，其反向电流增加很小，粗略地可视为零。可见，二极管具有单向导电性，但反向电压加得过高，超过管子的极限值，则会导致管子击穿损坏。

3. 稳压管伏安特性

稳压管是一种特殊的半导体二极管，其正向特性与普通二极管类似，但其反向特性较特别，如图 4-1 中曲线 d 所示。在反向电压开始增加时，其反向电流几乎为零，但当电压增加到管子的稳压值时，电流将突然增加，以后它的端电压将基本维持恒定，当外加的反向电压继续升高时其端电压仅有少量增加。

注意：流过二极管或稳压管的电流不能超过管子的极限值，否则管子会被烧坏。

四、实验内容

1. 测定线性电阻器的伏安特性

按图 4-2 接线，调节稳压电源的输出电压 U，从 0V 开始缓慢地增加，一直到 10V，将相应的电压表和电流表的读数 U_R、I 记入表 4-1 中。

2. 测定普通二极管的伏安特性

按图 4-3 接线。图中，R 为限流电阻器。测普通二极管 VD 的正向特性时，其正向电流不得超过 35mA，其正向施压 U_{VD+} 可在 0~0.75V 之间取值，并应在 0.5~0.75V 之间多取几个测量点。测反向特性时，只需将图 4-3 中的电源反接，且其反向施压 U_{VD-} 可达 30V。正向特性测量数据填入表 4-2 中，反向特性测量数据填入表 4-3 中。

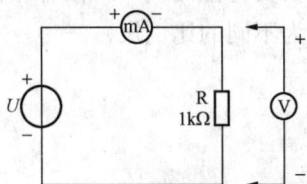

图 4-2 线性电阻器伏安特性测量电路   图 4-3 二极管伏安特性测量电路

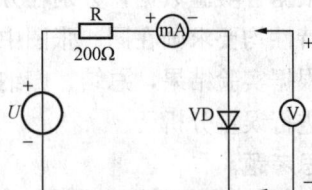

表 4-1 线性电阻的伏安特性测量数据

U_R(V)	0	1	2	3	4	5	6	7	8	9	10
I(mA)											

注意：测量时要将所有特殊的点取到，应按照曲线曲率小的地方多取，曲率大的地方少取的原则，取足够数量的点。

表 4-2 普通二极管正向特性测量数据

U_{VD+} (V)	0.10	0.30	0.40	0.45	0.50	0.55	0.60	0.65	0.70
I(mA)									

表 4-3 普通二极管反向特性测量数据

U_{VD-} (V)	0	−4	−8	−10	−12	−16	−20
I(mA)							

3. 测定稳压二极管的伏安特性

（1）正向特性实验。将图 4-3 中的二极管换成稳压管，重复实验内容 2 中的正向测量，测量数据记入表 4-4 中。表中 U_{Z+} 为稳压管的正向施压。

表 4 - 4 稳压管正向特性测量数据

U_{Z+}(V)	0.10	0.30	0.40	0.45	0.50	0.55	0.60	0.65	0.70
I(mA)									

（2）反向特性实验。将图4-3中的 R 换成 510Ω 电阻器，稳压管反接，测量稳压管的反向特性。稳压电源的输出电压 U_o 从 0～20V，测量稳压管二端的电压 U_{Z-} 及电流 I，由 U_{Z-} 可看出其稳压特性。测量数据记入表 4-5 中。

表 4 - 5 稳压管反向特性测量数据

U_o(V)	4	6	8	12	16	18	20
U_{Z-}(V)							
I(mA)							

五、实验报告

（1）根据各实验数据，分别在方格纸上绘制出光滑的伏安特性曲线（二极管和稳压管的正、反向特性均要求画在同一张图中，正、反向电压可取为不同的比例尺）。

（2）根据实验结果，总结、归纳被测各元件的特性。

（3）进行误差分析。

六、思考题

（1）线性电阻与非线性电阻的概念是什么？电阻器与普通二极管的伏安特性有何区别？

（2）稳压管与普通二极管有何区别，其用途如何？

实验二 电位测量及基尔霍夫定律的验证

一、实验目的

(1) 验证电路中电位的相对性、电压的绝对性。

(2) 学会用电流插头、插座测量各支路电流。

(3) 验证基尔霍夫定律的正确性，加深对基尔霍夫定律的理解。

二、实验主要设备与器件

(1) 直流可调稳压电源。

(2) 万用表。

(3) 直流数字电压表。

(4) 电位、电压测定实验电路板。

三、实验原理

在一个闭合电路中，各点电位的高低视所选的电位参考点的不同而不同。在电路中电位参考点可任意选定，但任意两点间的电位差（即电压）则是绝对的，不因参考点的变动而改变。

基尔霍夫定律是电路的基本定律，体现了由于元件的相互连接给支路电流之间或支路电压之间带来的约束关系。其包括电流定律和电压定律。

基尔霍夫电流定律（KCL）描述了电路中各支路电流之间的相互关系，它有两种数学表述：

(1) 在任意任何时刻 t，集中在某一个节点上的电流的代数和为零，即有 $\sum I = 0$，此方程称为节点的 KCL 方程。在写此方程时，当把流入节点的电流视为正时，则流出该节点的电流即为负。

(2) 在任意时刻 t，流入某个节点的支路电流的总和等于流出该节点的支路电流的总和，即有 $\sum I_i = \sum I_o$。

基尔霍夫电压定律（KVL）描述了电路中各支路电压之间的关系。它可表述为：在任意时刻 t，按照一定的绕行方向，沿任一回路中所有支路或元件上电压的代数和为零，即有 $\sum U = 0$，此方程称为回路的 KVL 方程。写此方程时，凡电压的参考极性从"＋"到"－"与回路的绕行方向一致者，则该电压前取"＋"号，否则取"－"号。

运用上述定律时必须注意各支路或闭合回路中电流的正方向，此方向可预先任意设定。另外，所有电路图中电流的方向恒为参考方向，同样电路图中的"＋"、"－"极性恒为参考极性。

四、实验内容

1. 电路中电位、电压的测量

利用电工实验挂箱上的"基尔霍夫定律/叠加定理"线路，按图 4-4 接线。

(1) 分别将两路直流稳压电源接入电路，令 $U_1 = 6\text{V}$、$U_2 = 12\text{V}$（先调准输出电压值，再接入实验线路中）。

(2) 以图 4-4 中的 A 点作为电位的参考点，分别测量 B、C、D、E、F 各点的电位值及相邻两点之间的电压值 U_{AB}、U_{BC}、U_{CD}、U_{DE}、U_{EF} 及 U_{FA}，并将数据填于表 4-6 中。

(3) 以 D 点作为参考点，重复（2）步骤，测得数据填于表 4-6 中。

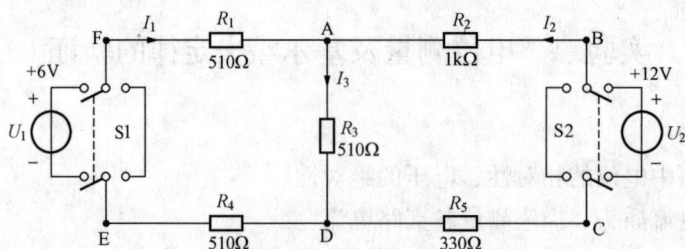

图 4-4　基尔霍夫定律/叠加定理实验电路图

表 4-6　　　　　　　　　　　　　　　电路中电位、电压的测量数据

参考零点	φ 与 $U(V)$	φ_A	φ_B	φ_C	φ_D	φ_E	φ_F	U_{AB}	U_{BC}	U_{CD}	U_{DE}	U_{EF}	U_{FA}
A	计算值												
	测量值												
	相对误差												
D	计算值												
	测量值												
	相对误差												

2. 基尔霍夫定律的验证

（1）实验前先任意设定 3 条支路和 3 个闭合回路的电流正方向。图 4-4 中，I_1、I_2、I_3 的方向已设定，3 个闭合回路的电流正方向可设为 ADEFA、BADCB 和 FBCEF。

（2）分别将两路直流稳压源接入电路，令 $U_1 = 6V$、$U_2 = 12V$。

（3）熟悉电流插头的结构，将电流插头的两端接至数字毫安表的"＋"、"－"两端。

（4）将电流插头分别插入 3 条支路的 3 个电流插座中，读出并记录电流值。

（5）用直流数字电压表分别测量两路电源及电阻元件上的电压值，记录于表 4-7 中。

表 4-7　　　　　　　　　　　　　　　基尔霍夫定律的验证测量数据

被测量	电　流（mA）			电　压（V）						
	I_1	I_2	I_3	U_1	U_2	U_{FA}	U_{AB}	U_{AD}	U_{CD}	U_{DE}
计算值										
测量值										

五、实验注意事项

（1）必须防止稳压电源两个输出端短路。

（2）测量电位时，用万用表或数字直流电压表测量时，用负表棒（黑色）接参考电位点，用正表棒（红色）接被测各点。所读得的电压或电流值的正、负号应根据设定的电流参考方向来判断。数字显示仪表也可不调换表棒，直接读出负值。

（3）所有需要测量的电压值，均以电压表测量的读数为准。U_1、U_2 也需测量（$U_1 = U_{FE}$，$U_2 = U_{BC}$），不应取电源本身的显示值。

六、实验报告

（1）总结电位相对性和电压绝对性的结论。

（2）根据实验数据，选定节点 A，验证 KCL 的正确性。

（3）选定实验电路中的任一个闭合回路，验证 KVL 的正确性。

（4）分析误差产生的原因。

七、思考题

图 4-4 中，若以 F 点为参考电位点，通过实验测得各点的电位值，现令 E 点作为参考电位点，试问此时各点的电位值应有何变化？

实验三　叠加定理的验证

一、实验目的

(1) 验证线性电路叠加定理的正确性。

(2) 掌握应用叠加定理应注意的问题。

(3) 加深对线性电路的叠加性和齐次性的认识和理解。

二、实验主要设备与器件

(1) 直流稳压电源。

(2) 直流数字电压表。

(3) 直流数字毫安表。

(4) 叠加定理实验电路板。

三、实验原理

线性系统（包括线性电路）最基本的性质——线性性质，它包含可加性与齐次性两方面。叠加定理就是可加性的反映，它是线性电路的一个重要定理。

叠加定理指出：线性电路中所有独立源同时作用时，在每一个支路中所产生的响应电流（或电压），等于各个独立源单独作用时在同一支路中所产生的响应电流（或电压）的代数和，也称电路的叠加性。

应用叠加定理求解电路应注意几个问题：

(1) 叠加定理适用于线性电路，非线性电路不适用。

(2) 当一个独立源作用时，其他独立源作用应等于零，即独立电压源应该短路，独立电流源应开路。

(3) 叠加时必须注意各个响应分量是代数叠加。

(4) 独立源单独作用时，如有受控源，则受控源必须保留。因为受控源不是独立电源，在电路中不能起"激励"作用。

(5) 叠加定理不能用来求电路的功率，因为功率是电流、电压的二次函数，与激励不成线性关系。

线性电路的齐次性是指，线性电路中所有独立源（电压源和电流源）同时扩大（或缩小）K 倍时，则每个支路电流和支路电压也都相应扩大（或缩小）K 倍，也称为齐次定理。显然，当电路中只有一个激励源时，响应必与该激励成正比。

注意：齐次定理和叠加定理是线性电路相互独立的两个定理，不能用叠加定理代替齐次定理，也不能认为齐次定理是叠加定理的特例。

四、实验内容

应用电工实验挂箱上的"基尔霍夫定律/叠加定理"线路，按图 4 - 5 接线。

(1) 将两路稳压源的输出分别调节为 12V 和 6V，接入 U_1 和 U_2 处。

(2) 令 U_1 电源单独作用（将开关 S1 投向 U_1 侧，开关 S2 投向短路侧即直线侧），用直流数字电压表和毫安表（接电流插头）测量各电阻元件两端的电压及各支路电流，数据记入表 4 - 8 中。

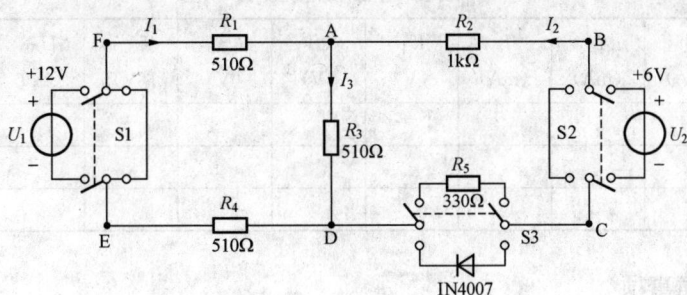

图 4-5 基尔霍夫定律/叠加定理实验电路图

表 4-8 线性电路叠加定理实验电路测量数据

测量项目/ 实验内容	I_1 (mA)	I_2 (mA)	I_3 (mA)	U_1 (V)	U_2 (V)	U_{AB} (V)	U_{CD} (V)	U_{AD} (V)	U_{DE} (V)	U_{FA} (V)
U_1 单独作用										
U_2 单独作用										
U_1、U_2 共同作用										
$2U_2$ 单独作用										

（3）令 U_2 电源单独作用（将开关 S1 投向短路侧，开关 S2 投向 U_2 侧），重复实验内容（2）的测量，数据记入表 4-8 中。

（4）令 U_1 和 U_2 共同作用（开关 S1 和 S2 分别投向 U_1 和 U_2 侧），重复实验内容（2）的测量，数据记入表 4-8 中。

（5）将 U_2 的数值调至 +12V，重复实验内容（2）的测量，数据记入表 4-8 中。

（6）将 R_5（330Ω）换成二极管 IN4007（将开关 S3 投向二极管 IN4007 侧），重复实验内容（1）～（5）的测量过程，数据记入表 4-9 中。

表 4-9 非线性电路实验测量数据

测量项目/ 实验内容	I_1 (mA)	I_2 (mA)	I_3 (mA)	U_1 (V)	U_2 (V)	U_{AB} (V)	U_{CD} (V)	U_{AD} (V)	U_{DE} (V)	U_{FA} (V)
U_1 单独作用										
U_2 单独作用										
U_1、U_2 共同作用										
$2U_2$ 单独作用										

（7）U_1、U_2 共同作用时，将开关 S3 投向 $R_5=330Ω$ 侧，考察故障条件下电路参数分布情况。实验电路板上设有若干个故障按键，当按下某个故障按键时电路自动接入模拟故障状态，此时重复实验内容（2）的测量，将数据记入表 4-10 中，再根据测量结果判断出故障的性质。

表 4 - 10   故 障 电 路 测 量 数 据

测量项目	I_1 (mA)	I_2 (mA)	I_3 (mA)	U_1 (V)	U_2 (V)	U_{AB} (V)	U_{CD} (V)	U_{AD} (V)	U_{DE} (V)	U_{FA} (V)
故障 1										
故障 2										
故障 3										

五、实验注意事项

（1）用毫安表的电流插头测量各支路电流时，或者用电压表测量电压降时，应注意仪表的极性，正确判断测得值的"＋"、"－"号后，记入数据表格。

（2）注意仪表量程的及时更换。

六、实验报告

（1）根据实验数据表格进行分析、比较，归纳、总结实验结论，验证线性电路的叠加性与齐次性。

（2）各电阻器所消耗的功率能否用叠加定理计算得出？试用上述实验数据，进行计算并作结论。

（3）通过实验内容（6）及分析表格 4 - 9 的数据，能得出什么样的结论？

（4）通过实验内容（7）及表格 4 - 10 的数据，分析三个故障的性质。

七、思考题

（1）在叠加定理实验中，要令 U_1、U_2 分别单独作用，应如何操作？可否直接将不作用的电源（U_1 或 U_2）短接置零？

（2）实验电路中，若有一个电阻器改为二极管，试问叠加定理的叠加性与齐次性还成立吗？为什么？

实验四 戴维南定理和诺顿定理的验证

一、实验目的

(1) 验证戴维南定理和诺顿定理的正确性，加深对定理的理解。

(2) 掌握测量有源二端网络等效参数的一般方法。

二、实验主要设备与器件

(1) 可调直流稳压电源。

(2) 可调直流恒流源。

(3) 直流数字电压表。

(4) 直流数字毫安表。

(5) 万用表。

(6) 可调电阻箱。

三、实验原理

1. 等效电源定理

任何一个线性含源网络，如果仅研究其中一条支路的电压和电流，则可将电路的其余部分看作是一个有源二端网络（或称为含源一端口网络），即含独立源的单口电路。

一个含有独立源的单口电路，在保持端口电压 U 和电流 I 关系（即外特性）不变的条件下，可以用一个电压源模型等效代替（戴维南定理），也可以用一个电流源模型等效代替（诺顿定理）。

(1) 戴维南定理：任何一个线性有源网络，总可以用一个电压源与一个电阻的串联来等效代替，此电压源的电动势 U_s 等于这个有源二端网络的开路电压 U_{oc}，其等效内阻 R_0 等于该网络中所有独立源均置零（理想电压源视为短接，理想电流源视为开路）时的等效电阻。该定理也称为等效电压源定理。

(2) 诺顿定理：任何一个线性有源网络，总可以用一个电流源与一个电阻的并联组合来等效代替，此电流源的电流 I_s 等于这个有源二端网络的短路电流 I_{sc}，其等效内阻 R_0 定义同戴维南定理。该定理也称为等效电流源定理。其中 $U_{oc}(U_s)$ 和 R_0 或者 $I_{sc}(I_s)$ 和 R_0 称为有源二端网络的等效参数。

2. 有源二端网络等效参数的测量方法

(1) 开路—短路法测 R_0。在有源二端网络输出端开路时，用电压表直接测其输出端的开路电压 U_{oc}，然后再将其输出端短路，用电流表测其短路电流 I_{sc}，则等效内阻为

$$R_0 = \frac{U_{oc}}{I_{sc}}$$

但要注意，用开路—短路法求 R_0 时，二端网络中的独立源全部保留。如果二端网络的内阻很小，将其输出端口短路，则易损坏其内部元件，因此不宜用此法。

(2) 伏安法测 R_0。用电压表、电流表测出有源二端网络的外特性曲线，如图 4-6 所示。根据外特性曲线求出斜率 $\tan\varphi$，则内阻 $R_0 = \tan\varphi = \Delta U / \Delta I = U_{oc}/I_{sc}$。

(3) 把仅含独立源二端网络中的所有独立源置为零值时（即独立电压源短路，独立电流

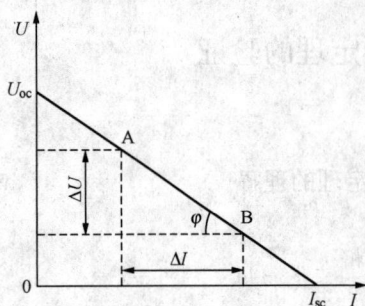

图 4 - 6　有源二端网络外特性曲线

源开路），测得的不含独立源二端网络的电阻为等效电阻 R_0。

四、实验内容

被测有源二端网络如图 4 - 7（a）所示。

（1）用开路—短路法测定戴维南等效电路的 U_{oc}、R_0 和诺顿等效电路的 I_{sc}、R_0。按图 4 - 7（a）接入稳压电源 U_s＝12V 和恒流源 I_s＝10mA，不接入 R_L，测端口开路电压 U_{oc}，端口短路电流 I_{sc}，由式 R_0＝U_{oc}/I_{sc} 计算出 R_0，并填入表 4 - 11 中。

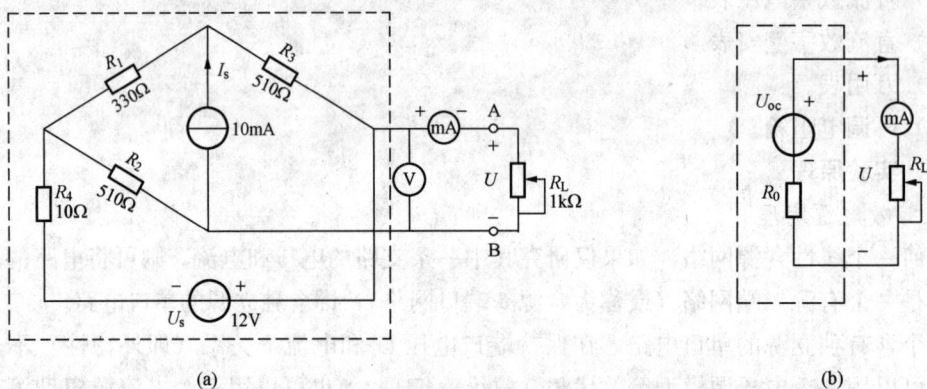

(a)

(b)

图 4 - 7　有源二端网络及其戴维南等效电路原理图

(a) 被测有源二端网络；(b) 戴维南等效电路

表 4 - 11　　　　　　　　　　　　　开路电压、短路电流测量数据

U_{oc}(V)	I_{sc}(mA)	R_0＝U_{oc}/I_{sc}(Ω)

（2）负载实验。按图 4 - 7（a）接入 R_L。改变 R_L 阻值，测量有源二端网络的外特性曲线，即测端口的电压和电流，并将数据记入表 4 - 12 中。

表 4 - 12　　　　　　　　　　　　　负 载 实 验 测 量 数 据

R_L(kΩ)	0.3	0.4	0.5	0.6	0.7	0.8	0.9	1
U(V)								
I(mA)								

（3）验证戴维南定理。从电阻箱上取得按实验内容（1）所得的等效电阻 R_0 之值，然后令其与直流稳压电源［调到实验内容（1）所测得的开路电压 U_{oc} 之值］相串联，如图 4 - 7（b)所示；再仿照实验内容（2）测其外特性，记录于表 4 - 13 中，对戴维南定理进行验证。

表 4-13   戴维南定理实验测量数据

$R_L(k\Omega)$	0.3	0.4	0.5	0.6	0.7	0.8	0.9	1
$U(V)$								
$I(mA)$								

（4）验证诺顿定理。从电阻箱上取得按实验内容（1）所得的等效电阻 R_0 之值，然后令其与直流恒流源［调到实验内容（1）所测得的短路电流 I_{sc} 之值］相并联，如图4-8所示；再仿照实验内容（2）测其外特性，记录于表 4-14 中，对诺顿定理进行验证。

表 4-14   诺顿定理实验测量数据

$R_L(k\Omega)$	0.3	0.4	0.5	0.6	0.7	0.8	0.9	1	1.5
$U(V)$									
$I(mA)$									

（5）有源二端网络等效电阻测量。将图4-7所示被测有源二端网络内的所有独立源置零（去掉电流源 I_s 和电压源 U_s，并在原电压源所接的两点用一根短路导线相连），然后用伏安法或者直接用万用表的欧姆挡去测定负载 R_L 开路时 A、B 两点间的电阻，此即为被测网络的等效内阻 R_0，或称网络的入端电阻 R_i。等效电阻测量示意图见图 4-8。

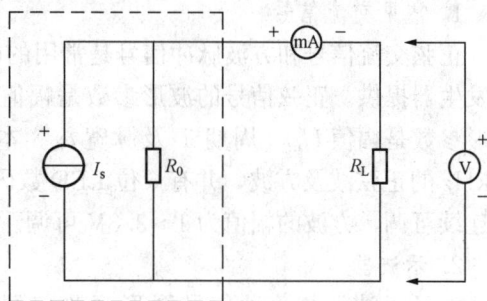

图 4-8   等效电阻的测量

注意：从实验内容（2）负载实验起接入 R_L，改变 R_L 阻值，取一系列相同的 R_L 阻值，这样实验内容（2）～（4）所测得的 U 和 I 可以比照。也可以随机改变 R_L 阻值，测出端口电压和电流的一系列对应点，画出端口 $U \sim I$ 曲线来比照。

五、实验注意事项

（1）改接线路时，要关掉电源。

（2）电压源置零时不可将稳压源短接。

（3）用万用表直接测 R_0 时，首先网络内的独立源必须置零，以免损坏万用表；其次欧姆挡必须经调零后再进行测量。

六、实验报告

（1）根据实验分别绘出曲线，验证戴维南定理和诺顿定理的正确性，并分析产生误差的原因。

（2）归纳、总结实验结果。

七、思考题

（1）在求戴维南或诺顿等效电路时，作短路试验，测量 I_{sc} 的条件是什么？在本实验中可否直接作负载短路实验？请实验前对图 4-7（a）所示有源二端网络预先做好计算，以便调整实验线路及测量时可准确地选取电表的量程。

（2）说明测有源二端网络开路电压及等效内阻的几种方法，并比较其优缺点。

实验五 典型电信号的观察与测量

一、实验目的

(1) 熟悉低频信号发生器、脉冲信号发生器的使用方法。

(2) 初步掌握用示波器观察电信号波形的方法，定量测出正弦信号和脉冲信号的波形参数。

二、实验主要设备与器件

(1) 双踪示波器。

(2) 低频、脉冲信号发生器。

(3) 交流毫伏表。

(4) 频率计。

三、实验原理

1. 常见交流信号

正弦交流信号和方波脉冲信号是常用的电激励信号，可分别由低频信号发生器和脉冲信号发生器提供。正弦信号的波形参数是幅值 U_m、周期 T（或频率 f）和初相；脉冲信号的波形参数是幅值 U_m、周期 T 及脉宽 t_K。本实验中采用的装置能提供频率范围为 $20Hz\sim50kHz$ 的正弦波及方波，并有 6 位 LED 数码管显示信号的频率；正弦波的幅值在 $0\sim5V$ 之间连续可调，方波的幅值为 $1\sim3.8V$ 可调。

2. 示波器

电子示波器是一种信号图形观测仪器，可测出电信号的波形参数。从荧光屏的 Y 轴刻度尺并结合其量程分挡选择开关（Y 轴输入电压灵敏度 V/div 分挡选择开关）读得电信号的幅值；从荧光屏的 X 轴刻度尺并结合其量程分挡（时间扫描速度 t/div 分挡）选择开关，读得电信号的周期、脉宽、相位差等参数。为了完成对各种不同波形、不同要求的观察和测量，示波器还有一些其他调节和控制旋钮，可在实验中加以摸索和掌握。

一台双踪示波器可以同时观察和测量两个信号的波形和参数。

四、实验内容

1. 双踪示波器的自检

将示波器面板部分的"标准信号"插口，通过示波器专用同轴电缆接至双踪示波器的 Y 轴输入插口 Y_A 或 Y_B 端，开启示波器电源，指示灯亮；稍后，协调地调节示波器面板上的"辉度"、"聚焦"、"辅助聚焦"、"X 轴位移"、"Y 轴位移"等旋钮，使在荧光屏的中心部分显示出线条细而清晰、亮度适中的方波波形；通过选择幅度和扫描速度，从荧光屏上读出该"标准信号"的幅值与频率，并与标称值（0.5V，1kHz）作比较。若不准确，调节相应的微调旋钮；如相差较大，可请指导教师给予校准。

2. 正弦波信号的观测

(1) 将示波器的幅度和扫描速度微调旋钮旋至"校准"位置。

(2) 通过电缆线，将信号发生器的正弦波输出口与示波器的 Y_A 插口相连。

(3) 接通信号发生器的电源，选择正弦波输出。调节输出，使频率分别为 50Hz、

1.5kHz 和 20kHz（由频率计读出）；再使输出电压有效值分别为 0.1、1、3V（由交流毫伏表读得）。调节示波器 Y 轴和 X 轴的偏转灵敏度至合适的位置，从荧光屏上读得幅值及周期，分别记入表 4-15 和表 4-16 中。

表 4-15 示波器测量正弦波信号频率数据

频率计 测量结果	50Hz	1.5kHz	20kHz
示波器"t/div"旋钮位置			
一个周期占有的格数			
信号周期（s）			
计算所得频率（Hz）			

表 4-16 示波器测量正弦波信号幅值数据

交流毫伏表 测量结果	0.1V	1V	3V
示波器"V/div"位置			
峰—峰值波形格数			
峰—峰值（V）			
计算所得有效值（V）			

3. 方波脉冲信号的观察和测定

（1）将电缆插头换接在脉冲信号的输出插口上，选择方波信号输出。

（2）调节方波的输出幅值为 3.0V（用示波器测定），分别观测 100Hz、3kHz 和 30kHz 方波信号的波形参数。

（3）使信号频率保持在 3kHz，选择不同的幅值及脉宽，观测波形参数的变化。

五、实验注意事项

（1）示波器的辉度不要过亮。

（2）调节仪器旋钮时，动作不要过快、过猛。

（3）调节示波器时，要注意触发开关和电平调节旋钮的配合使用，以使显示的波形稳定。

（4）为防止外界干扰，信号发生器的接地端与示波器的接地端要相连（称共地）。

六、实验报告

（1）整理实验中显示的各种波形，绘制有代表性的波形。

（2）总结实验中所用仪器的使用方法及观测电信号的方法。

七、思考题

（1）示波器面板上"t/div"和"V/div"的含义是什么？

（2）观察本机"标准信号"时，要在荧光屏上得到两个周期的稳定波形，而幅值要求为 5 格，试问 Y 轴电压灵敏度应置于哪一挡位置？"t/div"又应置于哪一挡位置？

（3）应用双踪示波器观察如图 4-9 所示的两个波形，已知 CH1 和 CH2 通道的"V/div"

的指示均为 0.5V，"t/div" 指示为 $20\mu s$，试写出这两个信号的波形参数。

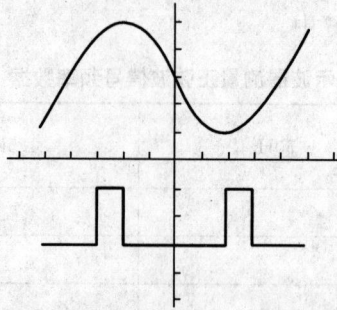

图 4 - 9　双踪示波器显示的波形图

实验六　RC一阶电路响应的测试

一、实验目的

（1）测定 RC 一阶电路的零输入响应、零状态响应及全响应。

（2）学习电路时间常数 τ 的测量方法。

（3）掌握有关微分电路和积分电路的概念。

二、实验主要设备与器件

（1）函数信号发生器。

（2）双踪示波器。

（3）动态电路实验板。

三、实验原理

1. 暂态过程的观测

动态网络的过渡过程是十分短暂的单次变化过程，要用普通示波器观察过渡过程和测量有关的参数，就必须使这种单次变化的过程重复出现。为此，可利用信号发生器输出的方波来模拟阶跃激励信号，即利用方波输出的上升沿作为零状态响应的正阶跃激励信号，利用方波的下降沿作为零输入响应的负阶跃激励信号。只要选择方波的重复周期远大于电路的时间常数 τ，那么电路在这样的方波序列脉冲信号的激励下，其响应就和直流电接通与断开的过渡过程基本相同。

图 4-10（a）所示的 RC 一阶电路的零输入响应曲线和零状态响应曲线分别按指数规律衰减和增长，其变化的快慢决定于电路的时间常数 τ。

2. 时间常数 τ 的测定

用示波器测量零输入响应的波形如图 4-10（b）所示。根据一阶微分方程的求解得知 $u_C(t) = U_m e^{-t/RC} = U_m e^{-t/\tau}$。当 $t = \tau$ 时，$U_C(\tau) = 0.368U_m$。亦可用零状态响应波形增加到 $0.632U_m$ 所对应的时间测得 τ，如图 4-10（c）所示。

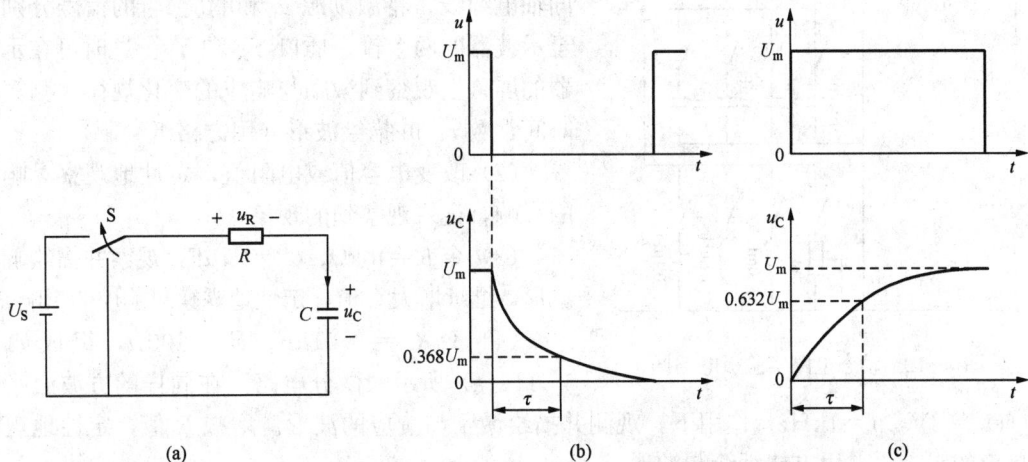

图 4-10　RC一阶电路状态响应

（a）RC一阶电路；（b）零输入响应曲线；（c）零状态响应曲线

3. 微分电路和积分电路

微分电路和积分电路是 RC 一阶电路中较典型的电路，它对电路元件参数和输入信号的周期有着特定的要求。如图 4-11（a）所示，一个简单的 RC 串联电路，在方波序列脉冲的重复激励下，当满足 $\tau=RC\ll T/2$ 时（T 为方波脉冲的重复周期），且由 R 两端的电压作为响应输出，则该电路就是一个微分电路，因为此时电路的输出信号电压与输入信号电压的微分成正比。利用微分电路可以将方波转变成尖脉冲。

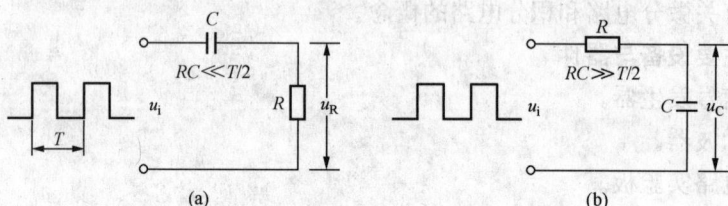

图 4-11　微分电路与积分电路
（a）微分电路；（b）积分电路

若将图 4-11（a）中的 R 与 C 位置调换一下，如图 4-11（b）所示，由 C 两端的电压作为响应输出，且当电路的参数满足 $\tau=RC\gg T/2$，则该 RC 电路称为积分电路，因为此时电路的输出信号电压与输入信号电压的积分成正比。利用积分电路可以将方波转变成三角波。

从输入输出波形来看，上述两个电路均起着波形变换的作用，在实验过程中应仔细观察和记录。

四、实验内容

（1）动态电路实验板电路如图 4-12 所示。仔细观察实验电路，认清 R、C 元件的布局及其标称值，各开关的通断位置。从实验电路板器件上选 $R=10\text{k}\Omega$、$C=6800\text{pF}$，组成如图 4-11（a）所示的微分电路。u_i 为脉冲信号发生器输出的 $U_m=3\text{V}$、$f=1\text{kHz}$ 的方波电压信号，并通过两根同轴电缆线，将激励源 u_i 和响应 u_C 的信号分别连至示波器的两个输入插口 Y_A 和 Y_B。这时可在示波器的屏幕上观察到激励与响应的变化规律，测算出时间常数 τ，并描绘波形（用方格纸绘制）。

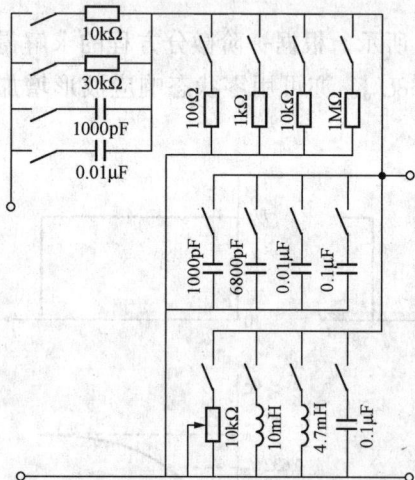

图 4-12　动态电路实验板电路图

（2）改变电容值或电阻值，定性地观察对响应的影响，记录观察到的现象。

（3）令 $R=10\text{k}\Omega$、$C=0.1\mu\text{F}$，观察并描绘响应波形，继续增大 C 值，定性地观察对响应的影响。

（4）令 $C=0.01\mu\text{F}$、$R=100\Omega$，组成如图 4-11（a）所示的微分电路。在同样的方波激励信号（$U_m=3\text{V}$，$f=1\text{kHz}$）作用下，观测并描绘激励与响应的波形。增减 R 值，定性地观察对响应的影响，并用方格纸绘制波形。

五、实验报告

（1）根据实验观测结果，在方格纸上绘出 RC 一阶电路充放电时 u_C 的变化曲线，再由

曲线测得 τ 值，并与参数值的计算结果作比较，分析误差原因。

(2) 根据实验观测结果，归纳、总结积分电路和微分电路的形成条件，阐明波形变换的特征。

六、思考题

(1) 已知 RC 一阶电路中 $R=10\text{k}\Omega$，$C=0.1\mu\text{F}$，试计算时间常数 τ，并根据 τ 值的物理意义拟定测量 τ 的方案。

(2) 何谓积分电路和微分电路，它们必须具备什么条件？在方波脉冲的激励下，它们的输出信号波形的变化规律如何？

实验七　二阶动态电路响应的研究

一、实验目的

（1）测试二阶动态电路的零状态响应和零输入响应，了解电路元件参数对响应的影响。

（2）观察、分析二阶动态电路的三种响应轨迹及其特点，以加深对二阶动态电路响应的认识与理解。

二、实验主要设备与器件

（1）函数信号发生器。

（2）双踪示波器。

（3）动态实验电路板。

三、实验原理

二阶动态电路是指用二阶微分方程描述的电路。一个二阶动态电路在方波正、负阶跃信号的激励下，可获得零状态响应与零输入响应，其响应的变化轨迹决定于电路的固有频率。当调节电路的元件参数值，在实验中可获得过阻尼、欠阻尼和临界阻尼这三种响应波形。简单而典型的二阶动态电路是 RLC 串联电路和 GCL 并联电路，这二者之间存在着对偶关系。本实验仅对 GCL 并联电路进行研究。

四、实验内容

利用动态实验电路板中的元件与开关的配合作用（见图 4 - 12），组成如图 4 - 13 所示的 GCL 并联电路。

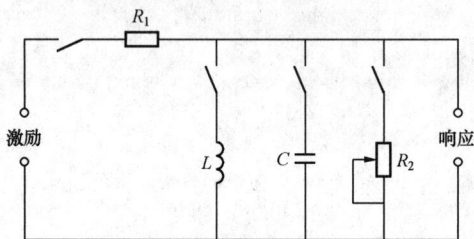

图 4 - 13　GCL 并联电路

令 $R_1 = 10\mathrm{k}\Omega$，$L = 4.7\mathrm{mH}$，$C = 1000\mathrm{pF}$，可变电阻器 $R_2 = 10\mathrm{k}\Omega$；脉冲信号发生器的输出为 $U_\mathrm{m} = 1.5\mathrm{V}$，$f = 1\mathrm{kHz}$ 的方波脉冲。通过同轴电缆接至图 4 - 13 中的激励端；同时用同轴电缆将激励端和响应输出接至双踪示波器的 Y_A 和 Y_B 两个输入插口。

（1）调节可变电阻器值 R_2，观察 GCL 并联电路的零输入响应和零状态响应由过阻尼过渡到临界阻尼，最后过渡到欠阻尼的变化过渡过程，分别定性地描绘（用方格纸绘制）响应的典型变化波形。

（2）调节 R_2 使示波器荧光屏上呈现稳定的欠阻尼响应波形，定量测定此时电路的衰减常数 α 和振荡频率 ω_d，用方格纸绘制波形。

（3）改变一组电路参数，如增、减 L（或 C）之值，重复（2）的测量，并作记录（用方格纸绘制波形）。随后仔细观察改变电路参数时，ω_d 与 α 的变化趋势，并记录于表 4 - 17 中。

五、实验注意事项

（1）调节 R_2 时，要细心、缓慢，临界阻尼要找准。

（2）观察双踪时，显示要稳定，如不同步，则可采用外同步法触发。

表 4 - 17 衰减常数 α 和振荡频率 ω_d 的测量数据

电路参数 实验次数	元 件 参 数				测 量 值	
	$R_1(k\Omega)$	R_2	$L(mH)$	$C(\mu F)$	α	$\omega_d(rad/s)$
1	10	调至某欠阻尼状态	4.7	0.0001		
2	10		4.7	0.01		
3	30		4.7	0.01		
4	10		10	0.01		

六、实验报告

(1) 根据观测结果,在方格纸上描绘二阶动态电路过阻尼、临界阻尼和欠阻尼的响应波形。

(2) 测算欠阻尼振荡曲线上的 α 与 ω_d。

(3) 归纳、总结电路元件参数的改变对响应变化趋势的影响。

实验八 正弦交流电路 R、L、C 元件阻抗特性的研究

一、实验目的

(1) 验证电阻、感抗、容抗与频率的关系。

(2) 理解 R、L、C 元件端电压与电流间的相位关系。

(3) 测定 $R=f(f)$、$X_L=f(f)$ 及 $X_C=f(f)$ 特性曲线。

二、实验主要设备与器件

(1) 低频信号发生器。

(2) 交流毫伏表。

(3) 双踪示波器。

(4) 频率计。

(5) 实验线路元件。

三、实验原理

1. 元件阻抗频率特性

在正弦交变信号作用下，R、L、C 元件在电路中的等效阻抗与信号的频率有关，它们的阻抗频率特性 $R=f(f)$、$X_L=f(f)$、$X_C=f(f)$ 曲线如图 4 - 14 所示，对应的表达式为

$$R = \frac{U}{I}, \quad X_L = 2\pi f L = \frac{U_L}{I}, \quad X_C = \frac{1}{2\pi f C} = \frac{U_C}{I}$$

2. 测量方法

元件阻抗频率特性的测量电路如图 4 - 15 所示。

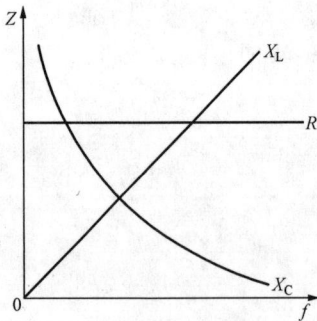

图 4 - 14 元件阻抗频率特性曲线　　　　图 4 - 15 元件阻抗频率特性测量电路

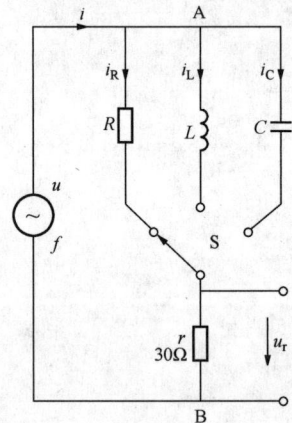

研究阻抗的频率特性，需测出被测元件的电压和电流，而在实验中由于实验仪器的频率测量范围有限，往往通过测量电阻的电压计算电路电流。图 4 - 15 中的 r 是提供测量回路电流用的标准小电阻，由于 r 的阻值远小于被测元件的阻抗值，因此可以认为 AB 之间的电压就是被测元件（R、L 或 C）两端的电压，流过被测元件的电流大小则可由 r 两端的电压除以 r 电阻值所得，电流、电压相位上呈现同相特点。

$$i = \frac{Ur}{r}$$

用双踪示波器同时观察 r 与被测元件两端的电压，即取得被测元件两端的电压和流过该元件电流的波形，从而可以测出电压与电流的幅值及它们之间的相位差。

（1）将元件 R、L、C 串联或并联相接，亦可用同样的方法测得 Z 串联或 Z 并联的阻抗频率特性 Z/f，根据电压、电流的相位差可判断 Z 串联或 Z 并联是感性还是容性负载。

（2）元件的阻抗角（即相位差 φ）随输入信号的频率变化而改变，将各个不同频率下的相位差画在以频率 f 为横坐标、阻抗角 φ 为纵坐标的坐标纸上，并用光滑的曲线连接这些点，即得到阻抗角的频率特性曲线。

用双踪示波器测量阻抗角的示意图，如图 4-16 所示。从荧光屏上数得一个周期占 n 格，相位差占 m 格，则实际的相位差 φ（阻抗角）为

$$\varphi = m \frac{360°}{n} \quad (°)$$

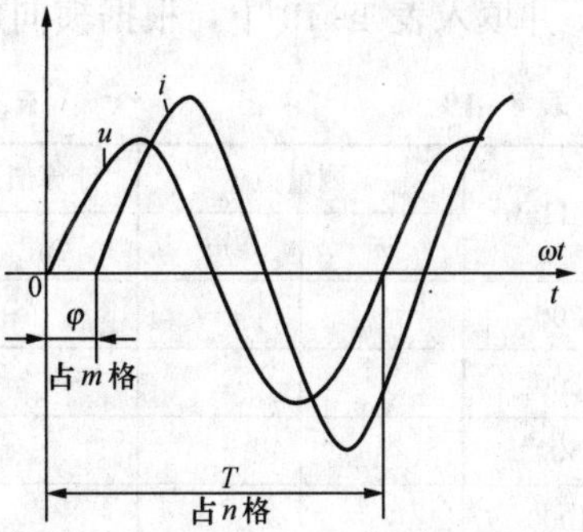

图 4-16 示波器测量相位差示意图

四、实验内容

1. 测量 R、L、C 元件的阻抗频率特性

（1）通过电缆线将低频信号发生器输出的正弦信号接至图 4-15 的电路，作为激励源 u，并用交流毫伏表测量，使激励电压的有效值为 $U=3V$，且保持不变。

（2）在图 4-15 中，使开关 S 接通 R，即 R、r 串联，使信号源的输出频率从 200Hz 逐渐增至 3kHz（用频率计测量），用交流毫伏表测量 R、r 在低频信号发生器发出不同频率信号时的电压 U_R 和 U_r，将数据记入表 4-18 中，最后断开 R。

（3）将开关 S 接通 L，将 L、r 串联，测量 L、r 在频率不同时的电压 U_L、U_r，将数据记入表 4-18 中，最后断开 L。

（4）将开关 S 接通 C，将 C、r 串联，测量 C、r 在频率不同时的电压 U_C、U_r，将数据记入表 4-18 中，最后断开 C。

注意：在接通 C 测试时，信号源频率应控制在 $200 \sim 2500Hz$ 之间。

（5）计算各频率点的 I_R、I_L 和 I_C（即 U_r/r），以及 $R=U/I_R$、$X_L=U/I_L$、$X_C=U/I_C$ 之值，然后填入表 4-18 中。

表 4-18　　　　　　　　　　　　R、L、C 元件的阻抗频率特性测试数据

f (Hz)	测量值		计算值	测量值		计算值	测量值		计算值
	$U_r(V)$	$U_R(V)$	$R(\Omega)$	$U_r(V)$	$U_L(V)$	$X_L(\Omega)$	$U_r(V)$	$U_C(V)$	$X_C(\Omega)$
200									
300									
500									
1000									
1500									

续表

f(Hz)	测量值		计算值	测量值		计算值	测量值		计算值
	U_r(V)	U_R(V)	R(Ω)	U_r(V)	U_L(V)	X_L(Ω)	U_r(V)	U_C(V)	X_C(Ω)
2000									
2500									
3000									

2. 不同频率下各元件阻抗角的变化情况

用双踪示波器观察在不同频率下各元件阻抗角的变化情况，按图 4 - 16 所示方式记录 n 和 m 并填入表 4 - 19 中，根据横向旋钮时间单位算出相应时间并计算出相位差 φ。

表 4 - 19　　　　　　　　R、L、C 元件阻抗角测试数据

f(Hz)	测量值		计算值	测量值		计算值	测量值		计算值
	n	m	φ_R	n	m	φ_L	n	m	φ_C
200									
300									
500									
1000									
1500									
2000									
2500									
3000									

五、实验注意事项

（1）交流毫伏表属于高阻抗电表，测量前必须先调零。

（2）测 φ 时，示波器的 "V/div" 和 "t/div" 的微调旋钮应旋置 "校准位置"。

（3）示波器电缆线的接地线要接在一起。

六、实验报告

根据实验数据，在方格纸上绘制 R、L、C 三个元件的阻抗频率特性曲线，从中可得出什么结论？

七、思考题

测量 R、L、C 各个元件的阻抗角时，为什么要与它们串联一个小电阻？可否用一个小电感或大电容代替？为什么？

实验九 正弦稳态交流电路相量的研究

一、实验目的
(1) 研究正弦稳态交流电路中电压、电流相量之间的关系。
(2) 掌握日光灯线路的接线。
(3) 理解改善电路功率因数的意义并掌握其测量方法。

二、实验主要设备与器件
(1) 交流电压表。
(2) 交流电流表。
(3) 功率表。
(4) 自耦调压器。
(5) 日光灯灯管。
(6) 电容器。

三、实验原理
1. 基尔霍夫定律相量形式
在单相正弦交流电路中，用交流电流表测得各支路的电流值，用交流电压表测得回路各元件两端的电压值，它们之间的关系满足相量形式的基尔霍夫定律，即 $\sum \dot{I} = 0$ 和 $\sum \dot{U} = 0$。

2. RC 串联电路
图 4-17 所示的 RC 串联电路，在正弦稳态信号 $\dot{U}$ 的激励下，$\dot{U}_R$ 与 $\dot{U}_C$ 保持有 90°的相位差，即当 R 阻值改变时，$\dot{U}_R$ 的相量轨迹是一个半圆。$\dot{U}$、$\dot{U}_C$ 与 $\dot{U}_R$ 三者形成一个直角形的电压三角形，如图 4-18 所示。R 值改变时，可改变 φ 角的大小，从而达到移相的目的。

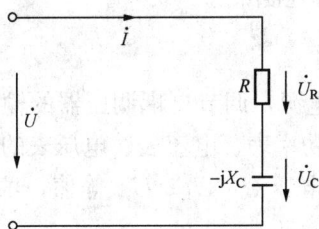

图 4-17 RC 串联电路图　　　　　图 4-18 RC 串联电路相量图

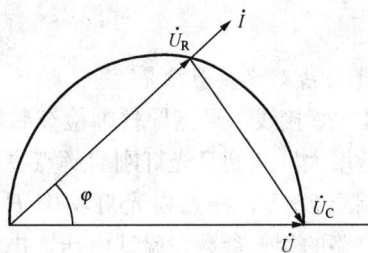

3. 日光灯线路
日光灯线路如图 4-19 所示。图中，A 是日光灯管；L 是镇流器；S 是启辉器；C 是补偿电容器，用以改善电路的功率因数（$\cos\varphi$ 值）。

四、实验内容
1. 交流电路电压相量关系验证实验
按图 4-17 接线。R 为 220V、15W 的白炽灯泡，电容为 4.7μF/500V。经指导教师检查后，接通实验台电源，将自耦调压器输出（即 U）调至 220V。记录 U、U_R、U_C 值于表

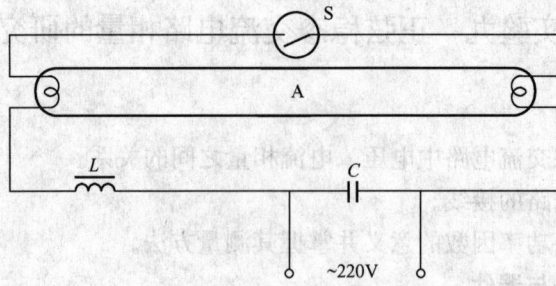

图 4 - 19　日光灯的线路图

4 - 20中，验证电压三角形关系 $(U' = \sqrt{U_R^2 + U_C^2},\ \Delta U = U' - U)$。

表 4 - 20　　　　　　　　　　　　电压三角形验证数据

测 量 值			计 算 值		
U（V）	U_R（V）	U_C（V）	U'（V）	ΔU（V）	$\Delta U/U$（%）

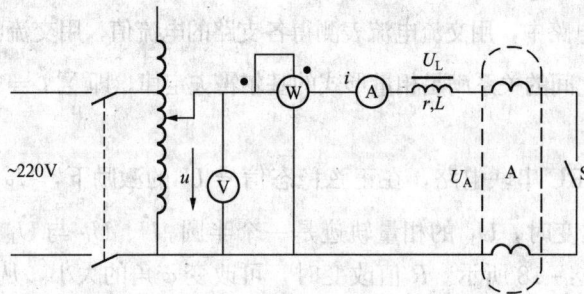

图 4 - 20　日光灯实验电路连接图

2. 日光灯线路连接与测量

按图 4 - 20 接线，经指导教师检查后接通实验台电源，调节自耦调压器的输出，使其输出电压缓慢增大，直到日光灯刚启辉点亮为止，记下功率表、电流表、电压表的指示值；然后将电压调至 220V，测量白光灯功率 P、电流 I 和电压 U、U_L、U_A 等值，填入表 4 - 21 中，计算电路的相关参数，验证电压、电流相量关系。

表 4 - 21　　　　　　　　　　　　日光灯电路测量数据

日光灯状态	测 量 数 值						计 算 值	
	P(W)	$\cos\varphi$	I(A)	U(V)	U_L(V)	U_A(V)	$r(\Omega)$	$\cos\varphi$
启辉值								
正常工作值								

3. 改善电路功率因数的实验

按图 4 - 21 组成实验线路，经指导老师检查后，接通实验台电源，将自耦调压器的输出调至 220V，记录功率表、电压表读数。利用电流插座将不同大小的电容接入电路，其中三个电容值分别为 1、2.2、4.7μF。接通电路，读出各表示数，填入表 4 - 22 中。

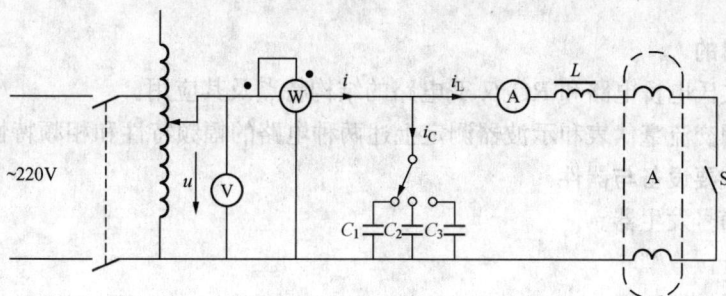

图 4 - 21　功率因数测量图

表 4 - 22　　　　　　　　　　　　　　**电路功率因数测量数据**

电容值 (μF)	测　量　值						计算值	
	P(W)	$\cos\varphi$	U(V)	I(A)	I_L(A)	I_C(A)	I(A)	$\cos\varphi$
0								
1								
2.2								
4.7								

五、实验注意事项

（1）本实验用交流市电 220V，务必注意用电和人身安全。

（2）功率表要正确接入电路。

（3）线路接线正确，日光灯不能启辉时，应检查启辉器及其接触是否良好。

六、实验报告

（1）完成表格中数据的计算，进行必要的误差分析。

（2）根据实验数据，分别绘出电压、电流相量图，验证相量形式的基尔霍夫定律。

（3）讨论提高电路功率因数的意义和方法。

实验十　RC 选频网络特性测试

一、实验目的

(1) 熟悉文氏电桥电路和 RC 双 T 电路的结构特点及其应用。

(2) 学会用交流毫伏表和示波器测定上述两种电路的幅频特性和相频特性。

二、实验主要设备与器件

(1) 函数信号发生器。

(2) 频率计。

(3) 双踪示波器。

(4) 交流毫伏表。

(5) RC 选频网络实验板。

三、实验原理

1. 文氏电桥电路

如图 4-22 所示,文氏电桥电路是一个 RC 的串、并联电路。该电路结构简单,被广泛用于低频振荡电路中作为选频环节,可以获得很高纯度的正弦波电压。用函数信号发生器的正弦输出信号作为图 4-22 所示电路的激励信号 U_i,并保持 U_i 值不变的情况下,改变输入信号的频率 f,用交流毫伏表或示波器测出输出端相应于各个频率点的输出电压 U_o 值。将这些数据画在以频率 f 为横轴、U_o/U_i 为纵轴的坐标纸上,用一条光滑的曲线连接这些点,该曲线就是文氏电桥电路的幅频特性曲线,如图 4-23 所示。

文氏电桥电路的一个特点是其输出电压幅度不仅会随输入信号的频率而变,而且还会出现一个与输入电压同相位的最大值。

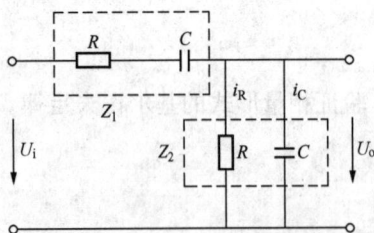

图 4-22　文氏电桥电路图

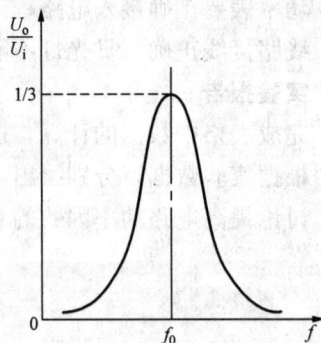

图 4-23　文氏电桥电路的幅频特性曲线

由电路分析得知,该网络的传递函数为

$$\beta = \frac{1}{3 + j(\omega RC - 1/\omega RC)}$$

当角频率 $\omega = \omega_0 = \dfrac{1}{RC}$ 时,$|\beta| = \dfrac{U_o}{U_i} = \dfrac{1}{3}$,此时 U_o 与 U_i 同相。由图 4-23 可知 RC 串并联电路具有带通特性。

2. 相频特性曲线测量方法

将图 4-23 所示电路的输入和输出分别接到双踪示波器的 Y_A 和 Y_B 两个输入插口，改变输入正弦信号的频率，观测相应的输入和输出波形间的时延 τ 及信号的周期 T，则两波形间的相位差 $\varphi = \dfrac{\tau}{T} \times 360° = \varphi_o - \varphi_i$（输出相位与输入相位之差）。将各个不同频率下的相位差 φ 画在以 f 为横轴、φ 为纵轴的坐标纸上，用光滑的曲线将这些点连接起来，即是文氏电桥电路的相频特性曲线，如图 4-24 所示。

当 $\omega = \omega_0 = \dfrac{1}{RC}$，即 $f = f_0 = \dfrac{1}{2\pi RC}$ 时，$\varphi = 0$，即 U_o 与 U_i 同相位。

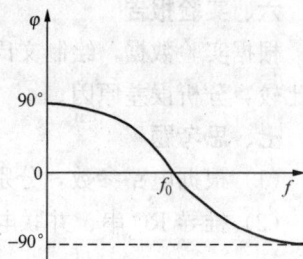

图 4-24 文氏电桥的相频特性

四、实验内容

1. RC 串、并联电路的幅频特性研究

（1）利用 RC 选频网络实验极组成图 4-22 线路。分别取 $R=1\mathrm{k}\Omega$、$C=0.1\mu\mathrm{F}$ 和 $R=200\Omega$、$C=2.2\mu\mathrm{F}$ 进行实验。

（2）调节信号源输出电压为 3V 的正弦信号，作为图 4-22 的 U_i。

（3）改变信号源的频率 f，并保持 $U_i=3\mathrm{V}$ 不变，测量输出电压 U_o（可先测量 $|\beta| = \dfrac{1}{3}$ 时的频率 f_0，然后在 f_0 附近其他频率点测量），将数据填入表 4-23 中。

表 4-23　　　　　　　　RC 串、并联电路幅频特性测试数据

$R=1\mathrm{k}\Omega$, $C=0.1\mu\mathrm{F}$	$f(\mathrm{Hz})$								
	$U_o(\mathrm{V})$								
$R=200\Omega$, $C=2.2\mu\mathrm{F}$	$f(\mathrm{Hz})$								
	$U_o(\mathrm{V})$								

2. RC 串、并联电路的相频特性研究

将图 4-22 的输入 U_i 和输出 U_o 分别接至双踪示波器的 Y_A 和 Y_B 两个输入插口，改变输入正弦信号的频率，观测不同频率点时，相应的输入与输出波形间的时延 τ 及信号的周期 T，填入表 4-24 中。

表 4-24　　　　　　　　RC 串、并联电路相频特性测试数据

$R=1\mathrm{k}\Omega$, $C=0.1\mu\mathrm{F}$	$f(\mathrm{Hz})$								
	$T(\mathrm{ms})$								
	$\tau(\mathrm{ms})$								
	φ								
$R=200\Omega$, $C=2.2\mu\mathrm{F}$	$f(\mathrm{Hz})$								
	$T(\mathrm{ms})$								
	$\tau(\mathrm{ms})$								
	φ								

注　两波形间的相位差 $\varphi = \varphi_o - \varphi_i = \dfrac{\tau}{T} \times 360°$。

五、实验注意事项

由于信号源内阻的影响，输出信号幅值会随信号频率变化。因此，在调节输出频率时，应同时调节输出幅值，使实验电路的输入电压保持不变。

六、实验报告

根据实验数据，绘制文氏电桥电路的幅频特性和相频特性曲线，找出 f_0 并与理论计算值比较，分析误差原因。

七、思考题

(1) 根据电路参数，分别估算文氏电桥电路两组参数对应的固有频率 f_0。

(2) 推导 RC 串、并联电路的幅频、相频特性的数学表达式。

实验十一　RLC串联谐振电路的研究

一、实验目的

(1) 理解电路发生谐振的条件、特点。

(2) 学会用实验方法绘制 RLC 串联电路的幅频特性曲线。

(3) 掌握电路品质因数 Q 的物理意义及其测定方法。

二、实验主要设备与器件

(1) 函数信号发生器。

(2) 交流毫伏表。

(3) 双踪示波器。

(4) 频率计。

(5) 谐振电路实验电路板。

三、实验原理

1. RLC 串联谐振电路

在图 4-25 所示的 RLC 串联谐振电路中，当正弦交流信号源的频率 f 改变时，电路中的感抗、容抗随之而变，电路中的电流也随 f 而变。取电阻 R 上的电压 U_o 作为响应，当输入电压 U_i 的幅值维持不变时，在不同频率的信号激励下，测出 U_o 之值，然后以 f 为横坐标，以 U_o/U_i 为纵坐标（因 U_i 不变，故也可直接以 U_o 为纵坐标），绘出光滑的曲线，此即为幅频特性曲线，亦称谐振曲线，如图 4-26 所示。

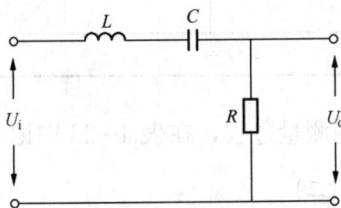

图 4-25　RLC串联谐振电路　　　　图 4-26　电压谐振曲线

2. RLC 串联谐振电路特点

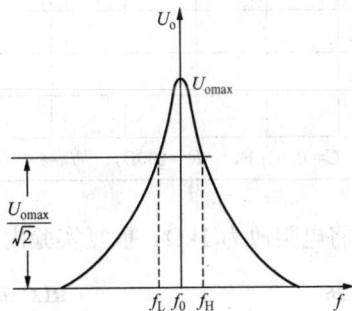

在 $f=f_0=\dfrac{1}{2\pi\sqrt{LC}}$，即幅频特性曲线尖峰所在的频率点称为谐振频率。此时 $X_L=X_C$，电路呈纯阻性，电路阻抗的模为最小。在输入电压 U_i 为定值时，电路中的电流达到最大值，且与输入电压 U_i 同相位。从理论上讲，此时

$$U_i=U_R=U_o,\ U_L=U_C=QU_i$$

式中：Q 为电路的品质因数，是反映电路选择性能好坏的重要指标。

3. 电路品质因数 Q 值的两种测量方法

一是根据公式 $Q=\dfrac{U_L}{U_o}=\dfrac{U_C}{U_o}$ 测定，其中 U_C 与 U_L 分别为谐振时电容 C 和电感 L 上的电

压。另一方法是通过测量谐振曲线的通频带宽度 $\Delta f = f_H - f_L$，再根据 $Q = \dfrac{f_0}{f_H - f_L}$ 求出 Q 值，其中 f_0 为谐振频率，f_H 和 f_L 是失谐时 [亦即输出电压的幅度下降到最大值的 $1/\sqrt{2}$（≈ 0.707）倍时] 的上、下频率点。Q 值越大，曲线越尖锐，通频带越窄，电路的选择性越好。在恒压源供电时，电路的品质因数、选择性与通频带只决定于电路本身的参数，而与信号源无关。

四、实验内容

（1）按图 4 - 27 组成监视、测量电路，选择 $C = 0.01\mu F$，$R = 200\Omega$，用交流毫伏表测电压，用示波器监视信号源输出，调整信号源输出电压 $U_i = 4V$，并保持不变。

（2）找出电路的谐振频率 f_0。其方法是将毫伏表接在 R（200Ω）两端，调整信号源的频率由小逐渐变大（注意要维持信号源的输出幅度不变），当 U_0 的读数为最大时，读得频率计上的频率值即为电路的谐振频率 f_0。测量 U_C 与 U_L 之值（注意及时更换毫伏表的量限）。

（3）在谐振点两侧，按频率递增或递减 $500Hz$ 或 $1kHz$，依次各取 6 个测量点，逐点测出 U_0、U_L、U_C 之值，记入数据表 4 - 25 中。

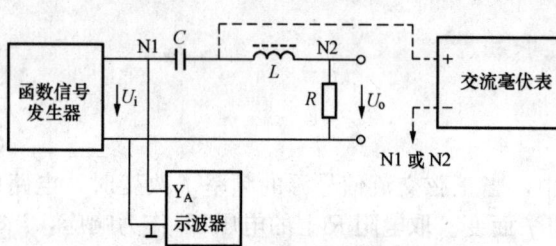

图 4 - 27 RLC 串联谐振测试电路

表 4 - 25   **RLC 串联谐振测试数据（一）**

$f(kHz)$									
$U_0(V)$									
$U_L(V)$									
$U_C(V)$									

$U_i = 4V$， $C = 0.01\mu F$， $R = 200\Omega$， $f_0 = $ ，$f_H - f_L = $ ，$Q = $

（4）将电阻改为 $1k\Omega$，重复实验内容（2）、（3）的测量过程，在表 4 - 26 中记入数据。

表 4 - 26   **RLC 串联谐振测试数据（二）**

$f(kHz)$									
$U_0(V)$									
$U_L(V)$									
$U_C(V)$									

$U_i = 4V$， $C = 0.01\mu F$， $R = 1k\Omega$， $f_0 = $ ，$f_H - f_L = $ ，$Q = $

（5）将电阻改为 $1k\Omega$，电容改为 $0.1\mu F$，重复实验内容（2）、（3）的测量过程，在表 4 - 27 中记入数据。

五、实验注意事项

（1）测试频率点的选择应在靠近谐振频率附近多取几点。在变换频率测试前，应调整信号输出幅值（用示波器监视输出幅值），使其维持在 $U_i = 4V$ 不变。

表 4-27 　　　　　　　　　　　　　**RLC 串联谐振测试数据（三）**

f(kHz)												
U_o(V)												
U_L(V)												
U_C(V)												

$U_\text{i}=4\text{V}$,　　$C=0.1\mu\text{F}$,　　$R=1\text{k}\Omega$,　　$f_0=$　　　,　$f_\text{H}-f_\text{L}=$　　　,　$Q=$

（2）测量 U_C 和 U_L 数值前，应将毫伏表的量程改大，而且在测量 U_L 与 U_C 时毫伏表的"+"端应接电容器 C 与电感线圈 L 的公共点，其接地端应分别触及 L 和 C 的近地端 N2 和 N1。

六、实验报告

（1）根据测量数据，绘出不同 Q 值时三条幅频特性曲线。

（2）计算通频带与 Q 值，说明不同 R 值时对电路通频带与品质因数的影响。

（3）比较 RLC 串联谐振时输出电压 U_o 与输入电压 U_i 是否相等？试分析原因。

（4）通过本次实验，总结、归纳串联谐振电路的特性。

（5）心得体会及理论联系实践的收获。

七、思考题

（1）根据实验线路板给出的元件参数值，估算电路的谐振频率。

（2）改变电路的哪些参数可以使电路发生谐振，电路中 R 的值是否影响谐振频率值？

（3）要提高 RLC 串联电路的品质因数，电路参数应如何改变？

实验十二　用三表法测量交流电路等效参数

一、实验目的

（1）学会用交流电压表、交流电流表和功率表测量交流电路等效参数的方法。

（2）熟练掌握功率表的接法和使用。

二、实验主要设备与器件

（1）交流电压表。

（2）交流电流表。

（3）功率表。

（4）自耦调压器。

（5）镇流器（电感线圈）。

（6）电容器。

三、实验原理

1. 三表法

正弦交流信号激励下的元件值或阻抗值，可以用交流电压表、交流电流表及功率表分别测量出元件两端的电压 U、流过该元件的电流 I 和它所消耗的功率 P，然后通过计算得到所求的各值。这种方法称为三表法，是测量 50Hz 交流电路参数的基本方法。

采用三表法时，计算的基本公式如下。

阻抗的模为

$$|Z| = \frac{U}{I}$$

电路的功率因数为

$$\cos\varphi = \frac{P}{UI}$$

等效电阻为

$$R = \frac{P}{I^2} = |Z|\cos\varphi$$

等效电抗为

$$X = |Z|\sin\varphi, \; X = X_L = 2\pi fL, \; X = X_C = \frac{1}{2\pi fC}$$

2. 阻抗性质的判别方法

阻抗性质可用在被测元件两端并联电容，或将被测元件与电容串联的方法来判别，原理如下。

（1）在被测元件两端并联一只适当容量的试验电容，若串接在电路中电流表的读数增大，则被测阻抗为容性，电流减小则为感性。

图 4-28（a）中，Z 为待测定的元件阻抗，C' 为试验电容器电容。图 4-28（b）是图 4-28（a）的等效电路。图 4-28（b）中 G、B 为待测阻抗 Z 的电导和电纳，B' 为并联电容 C' 的电纳。在端电压有效值不变的条件下，按下面两种情况进行分析：

1）设 $B+B'=B''$，若 B' 增大，B'' 也增大，则电路中电流 I 将单调地上升，故可判断 Z

为容性。

2）设 $B+B'=B''$，若 B' 增大，而 B'' 先减小而后再增大，电流 I 也是先减小后上升，如图 4-29 所示，则可判断 Z 为感性。

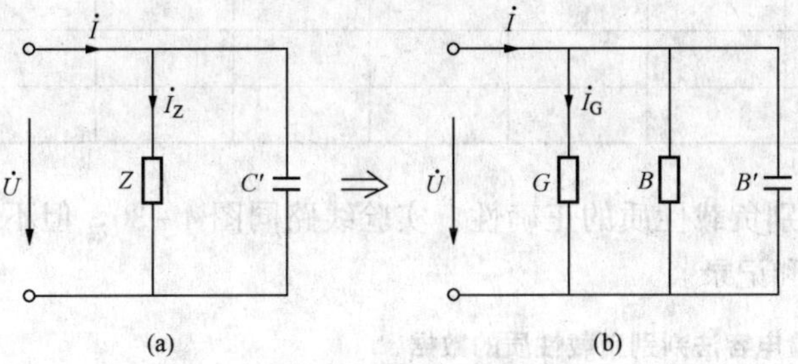

图 4-28　阻抗性质判别示意图 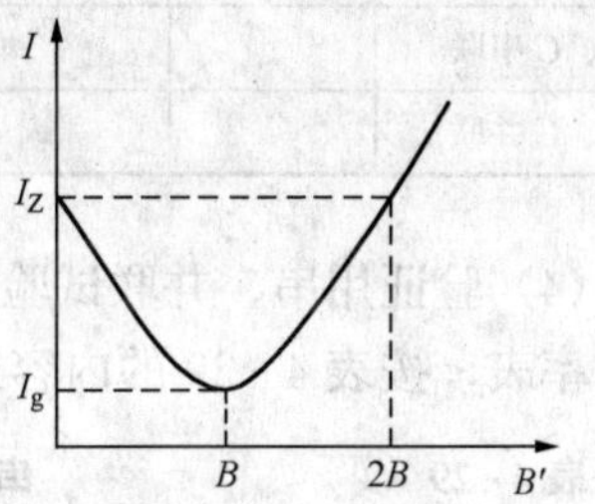　　　　　　图 4-29　电路电纳电流特性图

由以上分析可见，当 Z 为容性时，对并联电容 C' 值无特殊要求；而当 Z 为感性时，$B'<|2B|$ 才有判定为感性的意义。当 $B'>|2B|$ 时，电流单调上升，与 Z 为容性时相同，并不能说明电路是感性的。因此 $B'<|2B|$ 是判断电路性质的可靠条件，由此得判定条件为

$$C'<\left|\frac{2B}{\omega}\right|$$

（2）将被测元件串联一个适当容量的试验电容，若被测阻抗的端电压下降，则判为容性；端压上升，则为感性。判定条件为

$$\frac{1}{\omega C'}<|2X|（此关系式可自行证明）$$

式中：X 为被测阻抗的电抗值；C' 为串联试验电容值。

判断待测元件的性质，除上述借助于试验电容 C' 测定法外，还可以利用该元件的电流 i 与电压 u 之间的相位关系来判断。若 i 超前于 u，为容性；i 滞后于 u，则为感性。

注意：本实验所用的功率表为智能交流功率表，其电压接线端应与负载并联，电流接线端应与负载串联。

四、实验内容

（1）按图 4-30 接线，经指导教师检查后，可接通市电电源。

（2）分别测量 Z 为 15W 白炽灯（R）、30W 日光灯、镇流器（L）和 $4.7\mu F$ 电容器（C）时的等效参数。

（3）测量 L、C 串联与并联后的等效参数，填入表 4-28 中。

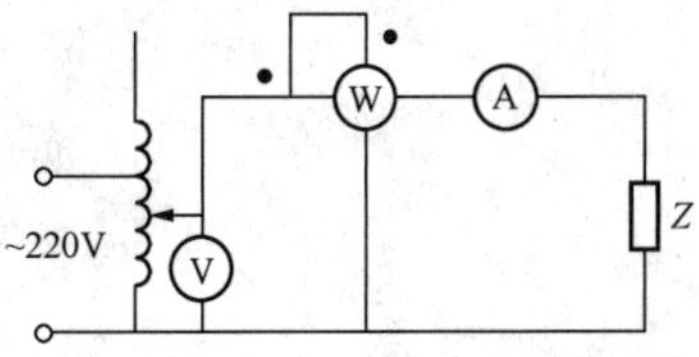

图 4-30　三表法测量电路等效参数

表 4-28　　　　　　　　**L、C 串联与并联的等效参数测试数据**

被测阻抗	测量值				计算值		电路等效参数		
	$U(V)$	$I(A)$	$P(W)$	$\cos\varphi$	$Z(\Omega)$	$\cos\varphi$	$R(\Omega)$	$L(mH)$	$C(\mu F)$
R									
L									

续表

被测阻抗	测量值				计算值		电路等效参数		
	$U(V)$	$I(A)$	$P(W)$	$\cos\varphi$	$Z(\Omega)$	$\cos\varphi$	$R(\Omega)$	$L(mH)$	$C(\mu F)$
C									
L、C 串联									
L、C 并联									

（4）验证用串、并联试验电容法判别负载性质的正确性。实验线路同图 4 - 30，但不必接功率表，按表 4 - 29 的内容进行测量和记录。

表 4 - 29　　　　　　　　串、并联试验电容法判别负载性质的数据

被测元件	串 $4.7\mu F$ 电容		并 $4.7\mu F$ 电容	
	串前端电压（V）	串后端电压（V）	并前电流（A）	并后电流（A）
R（三只 15W 白炽灯）				
C（$4.7\mu F$）				
L（1H）				

五、实验报告

根据实验数据，完成各项计算。

六、思考题

如何用串联电容的方法来判别阻抗的性质？试用 I 随 X'_C（串联容抗）的变化关系作定性分析，证明串联电容试验时，$\dfrac{1}{\omega C} < |2X|$ 成立。

实验十三 三相交流电路电压电流的测量

一、实验目的

（1）掌握三相负载作星（Y）形连接、三角（△）形连接的方法。

（2）验证 Y 形、△形接法下线电压、相电压及线电流、相电流之间的关系。

（3）理解三相四线供电系统中性线的作用。

二、实验主要设备与器件

（1）交流电压表。

（2）交流电流表。

（3）万用表。

（4）三相自耦调压器。

（5）三相灯组负载。

三、实验原理

1. 负载连接方式

三相负载可接成 Y 形或△形。

当三相对称负载作 Y 形连接时，线电压 U_L 是相电压 U_{ph} 的 $\sqrt{3}$ 倍，线电流 I_L 等于相电流 I_{ph}，即 $U_L = \sqrt{3}U_{ph}$、$I_L = I_{ph}$。在这种情况下，流过中性线的电流 $I_N = 0$，所以可以省去中性线。当对称三相负载作△形连接时，有 $I_L = \sqrt{3}I_{ph}$、$U_L = U_{ph}$。

2. 不对称三相负载 Y 形连接

不对称三相负载作 Y 形连接时，必须采用三相四线制接法，即 YN 接法，而且中性线必须牢固连接，以保证三相不对称负载的每相电压维持对称不变。倘若中性线断开，会导致三相负载电压的不对称，致使负载小的那一相的相电压过高，使负载遭受损坏；负载大的一相相电压又过低，使负载不能正常工作。尤其是对于三相照明负载，无条件地一律采用 YN 接法。

3. 不对称三相负载△形连接

当不对称三相负载作△形连接时，$I_L \neq \sqrt{3}I_{ph}$，但只要电源的线电压 U_L 对称，加在三相负载上的电压仍是对称的，对各相负载工作没有影响。

四、实验内容

1. 三相负载 Y 形连接

按图 4 - 31 接线，三相灯组负载经三相自耦调压器接通三相对称电源，将三相调压器的旋柄置于输出为 0V 的位置（即逆时针旋到底），经指导教师检查合格后，方可开启实验台电源。然后调节调压器的输出，使输出的三相线电压为 220V，并按下述内容完成各项实验，分别测量三相负

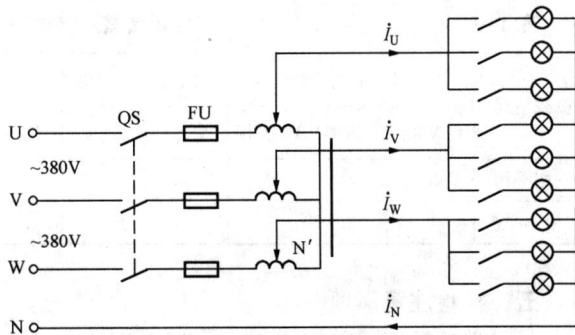

图 4 - 31 三相负载 Y 形连接电路

载线电压、相电压、线电流、相电流、中性线电流、电源与负载中性点间的电压。将所测得的数据记入表 4-30 中，并观察各相灯组亮暗的变化程度，特别要注意观察中性线的作用。

表 4-30 三相负载 Y 形连接电路测量数据

负载情况	开灯盏数			线电流（A）			线电压（V）			相电压（V）			中性线电流 $I_{N'}$（A）	中性点电压 $U_{NN'}$（V）
	U相	V相	W相	I_U	I_V	I_W	U_{UV}	U_{VW}	U_{WU}	$U_{UN'}$	$U_{VN'}$	$U_{WN'}$		
接法 1	3	3	3											
接法 2	3	3	3											
接法 3	1	2	3											
接法 4	1	2	3											
接法 5	1		3											
接法 6	1		3											
接法 7	1		3											

注 接法 1 为 YN 接平衡负载，接法 2 为 Y 接平衡负载，接法 3 为 YN 接不平衡负载，接法 4 为 Y 接不平衡负载，接法 5 为 YN 接 V 相断开，接法 6 为 Y 接 V 相断开，接法 7 为 Y 接 V 相短路。

2. 三相负载△形连接

按图 4-32 接线，经指导教师检查合格后接通三相电源，调节调压器，使其输出线电压为 220V，并按表 4-31 的内容进行测试，将数据填入表 4-31 中。

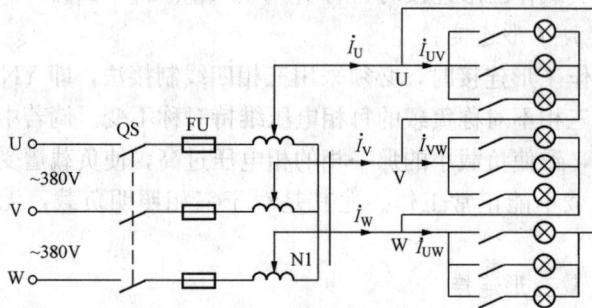

图 4-32 三相负载△接电路

表 4-31 三角负载△接电路测量数据

负载情况	开灯盏数			线电压＝相电压（V）			线电流（A）			相电流（A）		
	U-V相	V-W相	W-U相	U_{UV}	U_{VW}	U_{WU}	I_U	I_V	I_W	I_{UV}	I_{VW}	I_{WU}
三相平衡	3	3	3									
三相不平衡	1	2	3									

五、实验注意事项

（1）实验采用三相交流市电，线电压为 380V。应注意实验安全，每次接线完毕，应自查一遍，由指导教师检查后，方可接通电源，必须严格遵守"先断电、再接线、后通电；先断电、后拆线"的实验操作原则。

（2）Y 连负载作短路实验时，必须先断开中性线，以免发生短路事故。

（3）为避免烧坏灯泡，实验挂箱内设有过压保护装置。在做 Y 接不平衡负载或缺相实验时，所加线电压应以最高相电压小于 240V 为宜。当任一相电压大于 245～250V 时，即声光报警并跳闸。

六、实验报告

（1）用实验测得的数据验证对称三相电路中参数的 $\sqrt{3}$ 关系。

（2）用实验数据和观察到的现象，总结三相四线供电系统中中性线的作用。

（3）根据不对称负载△接时的相电流值作相量图，并求出线电流值，然后与实验测得的线电流作比较，并进行分析。

七、思考题

（1）掌握三相交流电路有关内容，试分析三相 Y 接不对称负载在无中性线情况下，当某相负载开路或短路时会出现什么情况？如果接上中性线，情况如何？

（2）三相交流电路中不对称△接的负载，能否正常工作？

实验十四　电压源与电流源的等效变换

一、实验目的
(1) 掌握电源外特性的测试方法。
(2) 验证电压源与电流源等效变换的条件。

二、实验设备与器材
(1) 可调直流稳压电源。
(2) 可调直流恒流源。
(3) 直流数字电压表。
(4) 直流数字毫安表。
(5) 万用表。
(6) 可调电阻箱。
(7) 电位器。

三、实验原理
1. 电源外特性
一个实际的电压源（或电流源），其端电压（或输出电流）不可能不随负载的变化而变，因为它具有一定的内阻值。故在实验中，用一个小阻值的电阻（或大电阻）与理想电压源（或理想电流源）相串联（或并联）来模拟一个电压源（或电流源）的情况。

一个直流稳压电源在一定的电流范围内，具有很小的内阻，故在实用中常将它视为一个理想的电压源，即其输出电压不随负载电流而变，其外特性，即伏安特性 $U = f(I)$ 是一条平行于 I 的直线。

一个恒流源在实用中，在一定的电压范围内，可视为一个理想的电流源，即其输出电流不随负载的改变而变。

2. 电压源与电流源
一个实际的电源，就其外部特性而言，既可以看成是一个电压源，又可以看成是一个电流源。若视为电压源，则可用一个理想的电压源 E_S 与一个电阻 R_0 相串联的组合来表示；若视为电流源，则可用一个理想电流源 I_S 与一电导 g_0 相并联的组合来表示。若它们向同样大小的负载供出同样大小的电流和端电压，则称这两个电源是等效的，即具有相同的外特性。

一个电压源与一个电流源等效变换的条件为

$$I_S = \frac{E_S}{R_0}, \quad g_0 = \frac{1}{R_0}$$

或

$$E_S = \frac{I_S}{g_0}, \quad R_0 = \frac{1}{g_0}$$

电压源与电流源等效变换原理图如图 4-33 所示。

四、实验内容
1. 测定电压源的外特性
(1) 按图 4-34 接线，E_S 为 +6V 直流稳压电源（视为理想电压源），R_2 为可调电阻箱，

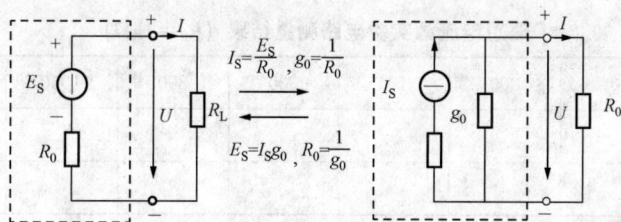

图 4-33 电压源与电流源等效变换原理图

调节 R_L 阻值，记录电压表和电流表读数于表 4-32。

表 4-32 理想电压源实验电路测量结果

$R_2(\Omega)$	∞	2000	1500	1000	800	500	300	200
$U(V)$								
$I(mA)$								

（2）按图 4-35 接线，虚线框可等效为一个实际的电压源，调节 R_2 阻值，记录电压表和电流表读数于表 4-33 中。

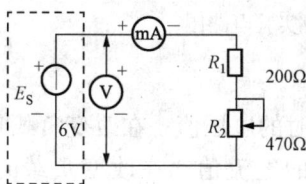

图 4-34 理想电压源工作电路图　　图 4-35 实际电压源工作电路图

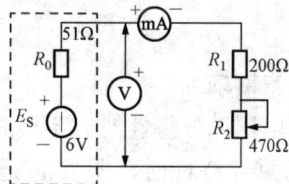

表 4-33 实际电压源实验电路测量结果

$R_2(\Omega)$	∞	2000	1500	1000	800	500	300	200
$U(V)$								
$I(mA)$								

2. 测定电流源的外特性

按图 4-36 接线，I_S 为直流恒流源，视为理想电流源，调节其输出为 5mA，令 R_0 分别为 1kΩ 和 ∞，调节 R_L 阻值，在表 4-34、表 4-35 记录这两种情况下的电压表和电流表的读数。

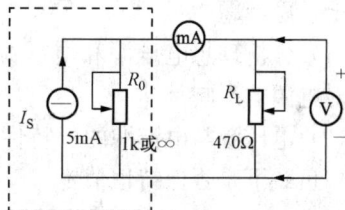

图 4-36 电流源工作电路图

表 4-34 理想电流源实验电路测量结果（$R_0=\infty$）

$R_L(\Omega)$	0	200	400	600	800	1000	2000	5000
$I(mA)$								
$U(V)$								

表 4-35 理想电流源实验电路测量结果（$R_0 = 1\text{k}\Omega$）

$R_L(\Omega)$	0	200	400	600	800	1000	2000	5000
$I(\text{mA})$								
$U(\text{V})$								

3. 测定电源等效变换的条件

按图 4-37 线路接线，先读取图 4-37（a）线路两表的读数，然后调节图 4-37（b）线路中恒流源 I_S（取 $R_0' = R_0$），令两表的读数与图 4-37（a）的数值相等，记录 I_S 之值，验证等效变换条件的正确性。

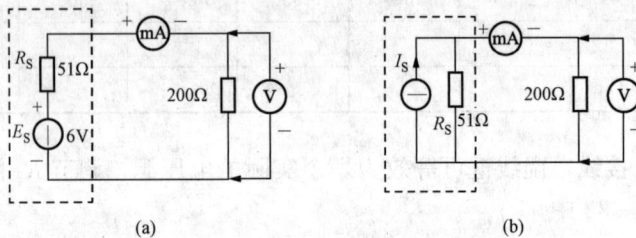

图 4-37　电源等效变换实验电路图

五、实验注意事项

（1）在测试电压源外特性时，不要忘记测空载时的电压值；在改变负载时，不容许负载短路。测试电流源外特性时，不要忘记测短路时的电流值；在改变负载时，不容许负载开路。

（2）换接线路时，必须关闭电源开关。

（3）直流仪表的接入应注意极性与量程。

六、实验报告

（1）根据实验数据分别绘制电压源与电流源的外特性曲线，并总结各类电源的特性。

（2）从实验结果验证电源等效变换原理的正确性。

（3）分析产生误差的原因，归纳、总结实验结果。

七、思考题

（1）分析理想电压源和电压源（理想电流源和电流源）输出端发生短路（开路）情况时，对电源的影响。

（2）电压源与电流源的外特性为什么呈下降变化趋势，理想电压源和理想电流源的输出在任何负载下是否保持恒值？

第五章　模拟电子技术实验

实验一　放大电路静态工作点研究

一、实验目的
(1) 掌握测量放大器 Q 点的方法。
(2) 学习基本交直流仪器仪表的使用方法。
(3) 理解放大器静态工作点的调试方法及其对放大器性能的影响。

二、实验主要设备与器件
(1) 示波器。
(2) 信号发生器。
(3) 数字万用表。
(4) 模拟电路实验箱。

三、实验原理

1. 静态工作点

静态工作点（Q 点）是指放大器在没有输入信号时，晶体管参数 I_B、I_C、U_{BE}、U_{CE} 的值，也称为 Q 值。图 5-1 所示为典型的共射极放大电路，在共射极放大电路中有

$$I_B = \frac{U_{CC} - U_{BE}}{R_B}$$

$$I_C = \beta I_B$$

$$U_{CE} = V_{CC} - I_C R_C$$

其中，$R_B = R_3 + R_P$，$R_C = R_2$。

测量静态工作电流时，往往采用间接测量法，即通过对已知电阻两端的电压的测量来计算电流。测量静态工作电压时，应正确选择电压表量程，考虑电压表内阻对被测电压的影响。

2. 静态工作点的调整

对于放大电路的最基本要求，一是不失真，二是能够放大。静态工作点位置对放大器的性能和输出波形都有很大的影响，如工作点偏高，放大器在加入交流信号以后易产生饱和失真，此时 U_o 的负半周将被削底；如工作点偏低则易产生截止失真，即 U_o 的正半周被缩顶（一般截止失真不如饱和失真明显）。这些情况不符合不失真放大的要求，因此在选定 Q 点以后须进行调试，即在放大器的输入端加入一定的 U_i，检查输出电压 U_o 的大小和波形是否满足要求，如不满足，则应调节 Q 点的位置，以保证放大电路不产生失真，这是非常必要的。图 5-2 简单描述了 Q 点跟负载线的基本关系。

放大器静态工作点的调试是指对三极管集电极电流 I_C（或 U_{CE}）调整与测试。改变电路参数 U_{CC}、R_C、R_P 都会引起静态工作点的变化，通常多采用调节偏置电阻 R_P 的方法来改变静态工作点，如减小 R_P 可使静态工作点提高。为了保证放大电路能不失真地输出最大电压，Q 点一般选在负载线的中点附近。实际放大器的参数一旦确定，可通过调整偏置电阻对

Q 点进行调节。

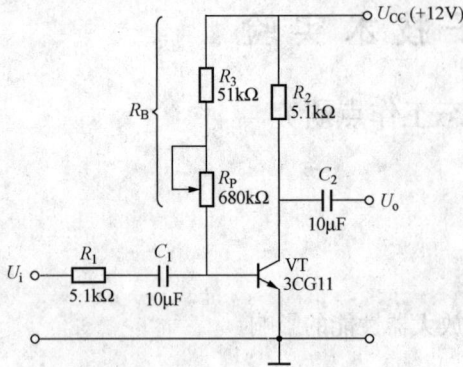

图 5-1 共射极放大电路图

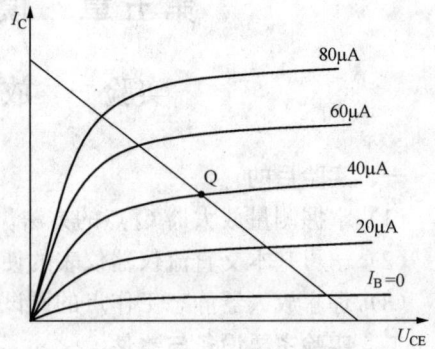

图 5-2 电路参数对静态工作点的影响

Q 点"偏高"或"偏低"应是相对信号幅度而言的,如信号幅度很小,即使工作点较高或较低也不一定会出现失真。所以说,产生波形失真是信号幅度与静态工作点设置配合不当所致。如需满足较大信号的要求,静态工作点最好尽量靠近交流负载线的中点。

3. 静态工作点的稳定

实际上,电源电压的波动、元件的老化及因温度变化所引起晶体管参数的变化,都会造成静态工作点的不稳定,从而使动态参数不稳定,有时电路甚至无法正常工作。其中温度的影响是最重要的。

稳定静态工作点是指在环境温度变化等因素影响下静态集电极电流和管压降基本不变。常用引入电流负反馈或温度补偿的方法。典型的稳定静态工作点电路如图 5-3 所示。

电路中利用电阻分压稳定 V_B,当外界影响使 I_C 增大,I_E 随之增大,因而发射极电阻上的电压随之增大,导致发射极电位 V_E 上升;由于 V_B 不变,故 U_{BE} 减小,导致 I_B 减小,从而使 I_C 减小,结果 I_C 将基本不变,从而实现静态工作点的稳定。

$$V_B = \frac{R_{B2}}{R_{B1} + R_{B2}} U_{CC}$$

$$I_C \approx I_E = \frac{U_{B0} - U_{BE}}{R_E}$$

$$U_{CE} = U_{CC} - I_C(R_C + R_E)$$

$$I_B = \frac{I_C}{\beta}$$

$$R_{B1} = R_3 + R_P, \quad R_E = R_{E1} + R_{E2}$$

四、实验内容

1. 静态工作点的测量

静态工作点包括 I_B、I_C、U_{BE}、U_{CE},其中电流的测定通过测量相应电阻上的电压计算得出。按图 5-1 接线,将电阻 R_B

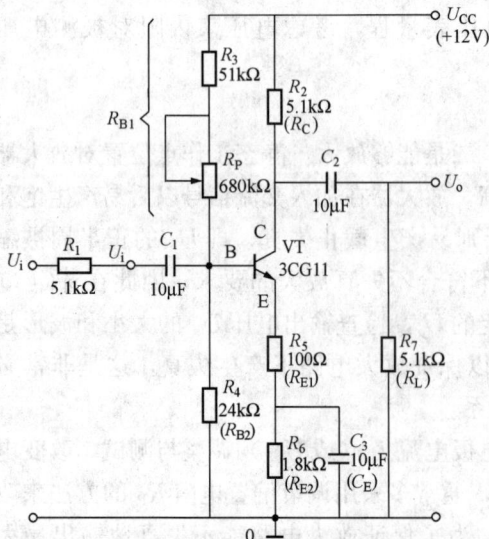

图 5-3 静态工作点稳定电路

调至 $510kΩ$，电压用万用表测量，将测量数据填入表5-1中。

表 5 - 1 　　　　　　　　　　　**静 态 工 作 点 测 量**

$U_{RB}(V)$	$R_B(Ω)$	$I_B(μA)$	$U_{BE}(V)$	$U_{RC}(V)$	$R_C(Ω)$	$I_C(mA)$	$U_{CE}(V)$

2. 静态工作点稳定电路的研究

（1）用万用表判断实验箱上三极管的极性和好坏，电解电容 C 的极性和好坏。

（2）按图5-3连接电路（注意：接线前先测量＋12V电源，关断电源后再连线），将 R_P 的阻值调到最大位置。

（3）接线完毕仔细检查，确定无误后接通电源。调 R_P 为某值，使 $V_E=1.9V$（即 $I_E=1mA$），然后按表5-2内容测量其他各值。

说明：静态时测量的是直流量，应用仪器仪表的直流挡并注意正确选择量程。

（4）基极电阻 R_B 对静态工作点的影响。转动 R_P，分别定性观察各量的变化趋势，并记录在表5-2中。

（5）改变 R_P，记录并计算 I_C 分别为 0.5、1、1.5mA 时三极管的 $β$ 值。

表 5 - 2 　　　　　　　　　　　**R_B 对静态工作点的影响**

设定	实　　　测				实测计算	
R_P	$U_E(V)$	$U_{BE}(V)$	$U_{CE}(V)$	$R_B(kΩ)$	$I_B(μA)$	$I_C(mA)$
初调	1.9					
增大						
减小						

3. 观察静态工作点对输出波形的影响

断开负载，输入频率为 1kHz、峰—峰值为 50mV 的正弦信号，逐渐增大或减小 R_P 直至 U_o 刚刚出现失真，测量相关数据填入表5-3中。然后去掉信号源，重新测量并记录静态时各量，确定 Q 点位置，解释分别出现了何种失真，并说明原因（提示：晶体管的截止并非突变过程，因此截止失真并不像饱和失真那样明显）。

表 5 - 3 　　　　　　　　　　　**静态工作点对波形的影响**

设定	实　　　测				计　　算		失真
$R_P(kΩ)$	$V_E(V)$	$U_{BE}(V)$	$U_{CE}(V)$	$R_B(kΩ)$	$I_B(μA)$	$I_C(mA)$	类型
最大							
最小							

4. 最佳静态工作点的确定

（1）按图5-3连接电路（注意：接线前先测量＋12V电源，关断电源后再连线），将 R_P 的阻值调到最大位置。

（2）使输入频率为 1kHz、峰峰值为 50mV 的正弦信号，用示波器观察输出信号 U_o。

（3）同时调节 R_P 和信号发生器的幅值，使输出信号 U_o 的波形在信号发生器的幅值逐渐增大的过程中，饱和失真和截止失真同时出现，然后调至输出为最大不失真的情况。

（4）去掉信号发生器和示波器，按表 5 - 4 内容测量各量值。

表 5 - 4　　　　　　　　　　　　　最大不失真波形的测量

实　　　测				计　　　算	
$V_E(V)$	$U_{BE}(V)$	$U_{CE}(V)$	$R_B(k\Omega)$	$I_B(\mu A)$	$I_C(mA)$

五、实验报告

根据实验内容，写出较详细的总结。

实验二 单级放大电路动态参数的研究

一、实验目的
(1) 掌握共射极电路的动态特性。
(2) 掌握单级放大电路动态特性测量方法。

二、实验主要设备与器件
(1) 示波器。
(2) 信号发生器。
(3) 数字万用表。
(4) 模拟电路实验箱。

三、实验原理
放大器动态指标测试包括电压放大倍数、输入电阻、输出电阻、最大不失真输出电压（动态范围）和通频带等。

当图 5-4 所示电路输入交流信号时，该电路的微变等效电路如图 5-5 所示。

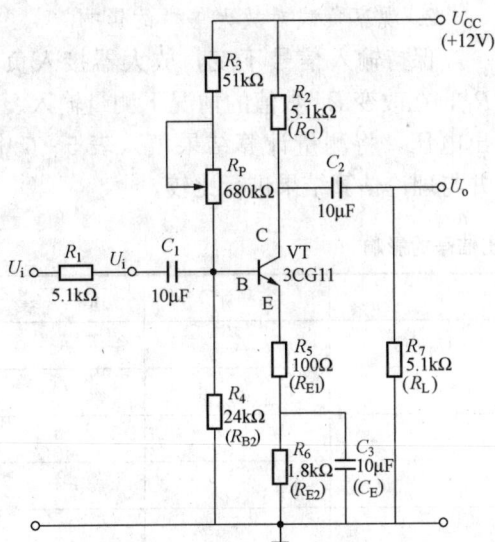

图 5-4 单级放大电路

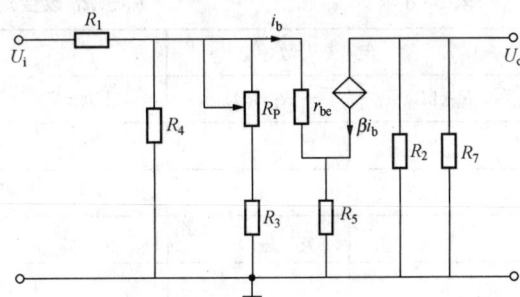

图 5-5 微变等效电路

1. 电压放大倍数 A_u

电压放大倍数是一个放大电路重要的参数，是放大电路交流输出信号电压与输入信号电压之比。通过理论分析，可得图 5-4 电压放大倍数计算式为

$$A_u = \frac{U_o}{U_i} = -\frac{\beta(R_C /\!/ R_L)}{r_{be} + (1+\beta)R_{E1}}$$

$$r_{be} = r_{bb'} + (1+\beta)\frac{26(\text{mV})}{I_E}$$

$$r_{bb'} = 200\,\Omega$$

2. 输入电阻 R_i

输入电阻 R_i 是从放大电路输入端看进去的等效电阻，定义为输入电压有效值 U_i 和输入电流有效值 I_i 之比，即

$$R_i = U_i/I_i = R_{B1} /\!/ R_{B2} /\!/ R_i'$$

$$R_i' = r_{be} + (1+\beta)R_{E1}$$

3. 输出电阻 R_o

任何放大电路的输出都可以等效成一个有内阻的电压源，从放大电路输出端看进去的等效内阻称为输出电阻 R_o，即

$$R_o = R_C$$

四、实验内容

1. 定性观察放大现象

（1）调整电路使 $V_E = 1.9V$，输入频率 1kHz、峰—峰值为 50mV 的正弦信号 U_i，观察 U_i 和 U_o 波形并比较相位（提示：信号源、实验电路、示波器之间应共地连接，示波器可选用 AC 方式）。

（2）信号源频率不变，逐渐加大幅度，观察 U_o 不失真时的最大输出值并计算电压放大倍数，填入表 5-5 中。

表 5-5 测量输出电压最大不失真时的放大倍数

实　测		实测计算	估　算
U_i（mV）	U_o（V）	A_u	A_u

2. 观察负载对放大倍数的影响

保持输入信号不变，放大器接入负载 R_L，在改变 R_C 数值的情况下测量输入、输出电压，将测量计算结果填入表 5-6 中，并与理论估算结果进行比较。

表 5-6　　　　　　　　　　R_C、R_L 改变对输出信号的影响

给　定　参　数		实　测		实测计算	估　算
R_C（kΩ）	R_L（kΩ）	U_i（mV）	U_o（V）	A_u	A_u
2	5.1				
2	5.1				
5.1	5.1				
5.1	3				

3. 观察静态工作点对放大倍数的影响

使 $R_C = 5.1kΩ$、$R_L = 5.1kΩ$，输入频率 1kHz、峰—峰值为 50mV 的正弦信号 U_i，增大或减少 R_P，在保证 U_o 波形不失真的条件下，观察 U_o 的幅值随 R_P 的变化情况，测量并填入表 5-7 中。

表 5-7　　　　　　　　　　静态工作点对放大倍数的影响

R_P（kΩ）	U_o（V）	V_B（V）	V_C（V）	V_E（V）	A_u

4. 测放大器输入、输出电阻

（1）输入电阻的测量。测量电路如图 5-6 所示，使 $V_E = 1.9V$，在输入端串接一个 5.1kΩ 电阻，使 $U_s = 20mV$，测量 U_i，即可计算 R_i。R_i 的计算式为

$$R_i = \frac{U_i}{U_s - U_i} R_s$$

（2）输出电阻的测量。在图 5-6 所示电路的输出端接入可调电阻作为负载，选择合适的 R_L 值，使放大器输出不失真，测量空载和接负载 $R_L = 5.1\text{k}\Omega$ 时的输出电压 U_o、U_{oL}，即可计算输出电阻 R_o。

$$R_o = \left(\frac{U_o}{U_{oL}} - 1\right) R_L$$

将上述测量及计算结果填入表 5-8 中。

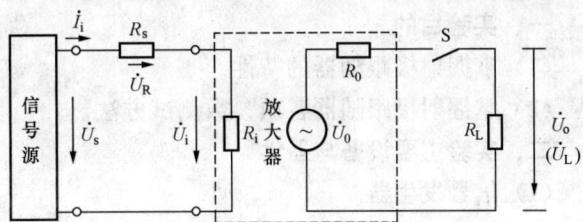

图 5-6 输入、输出电阻测量电路

表 5-8 测量输入电阻、输出电阻

输入电阻测量（$R_s = 5.1\text{k}\Omega$）				输出电阻测量			
实　测		测算	估算	实　测		测算	估算
U_s(mV)	U_i(mV)	R_i(kΩ)	R_i(kΩ)	U_{o1}(V)	U_{o2}(V)	R_o(kΩ)	R_o(kΩ)

五、实验报告

根据所完成的实验内容，简述相应的基本结论。

实验三　射极跟随器

一、实验目的

(1) 掌握射极跟随器的特性。

(2) 掌握射极跟随器各项参数测试方法。

二、实验主要设备与器件

(1) 信号发生器。

(2) 万用表。

(3) 交流毫伏表。

(4) 双踪示波器。

(5) 模拟电路实验箱。

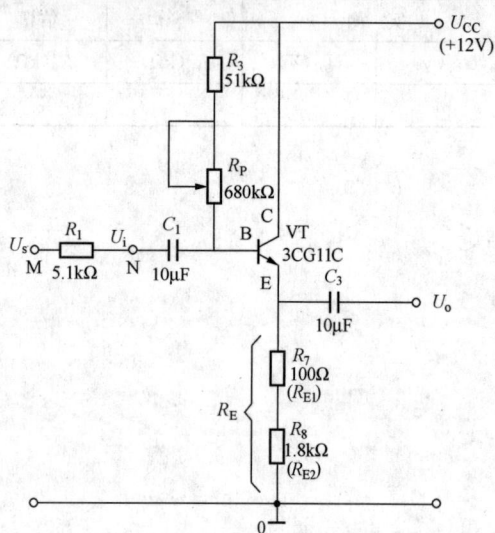

图 5-7　射极跟随器电路图

三、实验原理

输出信号取自发射极，$A_u \approx 1$，且输出电压与输入电压同相的电路称射极跟随器。其电路如图 5-7 所示。

射极跟随器有如下特点。

1. 高输入电阻 R_i

射极跟随器输入电阻 R_i 的表达式为

$$R_i = r_{be} + (1+\beta)R_E$$

如考虑偏置电阻 $R_B(=R_3+R_P)$ 和负载电阻 R_L 的影响，则

$$R_i = R_B \mathbin{/\!/} [r_{be} + (1+\beta)(R_E \mathbin{/\!/} R_L)] \tag{5-1}$$

由式 (5-1) 可知，射极跟随器的输入电阻比共射极固定偏置单管放大器的输入电阻（$R_i = R_B \mathbin{/\!/} r_{be}$）要高得多。其测量方法同单管放大器，计算式为

$$R_i = \frac{U_i}{I_i} = \frac{U_i}{U_s - U_i} R_s$$

2. 低输出电阻 R_o

输出电阻 R_o 的表达式为

$$R_o = \frac{r_{be}}{\beta} \mathbin{/\!/} R_E \approx \frac{r_{be}}{\beta}$$

如考虑信号源内阻 R_s，则

$$R_o = \frac{r_{be} + (R_s \mathbin{/\!/} R_B)}{\beta} \mathbin{/\!/} R_E \approx \frac{r_{be} + (R_s \mathbin{/\!/} R_B)}{\beta}$$

由上式可知射极跟随器的输出电阻 R_o 比共射极单管放大器的输出电阻 $R_o = R_C$ 低得多。三极管的 β 愈高，输出电阻愈小。

输出电阻 R_o 的测试方法亦同单管放大器，即先测出空载输出电压 U_o，再测接入负载

R_L 后的输出电压 U_L，根据

$$U_L = \frac{U_o}{R_o + R_L} R_L$$

可求出 R_o，即

$$R_o = \left(\frac{U_o}{U_L} - 1\right) R_L$$

3. 电压放大倍数近似为 1

$$A_u = \frac{(1+\beta)(R_E \mathbin{/\mkern-5mu/} R_L)}{r_{be} + (1+\beta)(R_E \mathbin{/\mkern-5mu/} R_L)} < 1$$

在 β 值较大时，$A_u \approx 1$，即共集放大电路电压放大倍数近似等于 1。电路的射极电流仍比基极电流大 $1+\beta$ 倍，因此射极跟随器具有电流放大和功率放大作用。

四、实验内容

1. 连接电路

按图 5-7 正确连接电路。

2. 静态工作点的调整

打开直流电源开关，加入频率为 1kHz、峰—峰值为 1V 的正弦信号 U_i，输出端用示波器监视，调节 R_P 及信号源的输出幅度，使其值在示波器的屏幕上得到一个最大不失真输出波形。然后置 $U_i = 0V$，用万用表测量晶体管各电极对地电位，将测得数据记入表 5-9 中。

在下面整个测试过程中应保持 R_P 和 R_B 值不变（即保持 I_E 不变）。

3. 电压放大倍数 A_u 的测量

接入负载 $R_L = 5.1k\Omega$，在 N 点加入频率为 1kHz、峰—峰值为 1V 的正弦信号 U_i，调节输入信号幅度，用示波器观察输出波形 U_o。在输出最大不失真情况下，用交流毫伏表测 U_i、U_o 值，记入表 5-10 中。

表 5-9	测量静态工作点		
$V_E(V)$	$V_B(V)$	$V_C(V)$	$I_E = U_{E0}/R_E$(mA)

表 5-10	测量电压放大倍数	
$U_i(V)$	$U_o(V)$	$A_u = U_o/U_i$

4. 测量输出电阻 R_o

接上负载 $R_L = 5.1k\Omega$，在 N 点加入频率为 1kHz、峰—峰值为 1V 的正弦信号 U_i，用示波器监视输出波形，用交流毫伏表测空载输出电压 U_o，有负载时的输出电压 U_L，记入表 5-11 中。

5. 测量输入电阻 R_i

在 M 点加入频率为 1kHz、峰峰值为 1V 的正弦信号 U_s，用示波器监视输出波形，用交流毫伏表分别测出电压 U_s、U_i，记入表 5-12 中。

表 5-11	测量输出电阻	
$U_o(V)$	$U_L(V)$	$R_o(\Omega)$

表 5-12	测量输入电阻	
$U_s(V)$	$U_i(V)$	$R_i(k\Omega)$

表 5 - 13   电压跟随特性测试

项目	1	2	3	4
U_i(V)				
U_L(V)				
A_u				

6. 射极跟随器的跟随特性测试

接入负载 $R_L = 2k\Omega$，在 M 点加入频率为 1kHz、峰—峰值为 1V 的正弦信号 U_i，并保持不变，逐渐增大信号 U_i 幅度，用示波器监视输出波形直至输出波形不失真时，测所对应的 U_L 值，计算出 A_u 记入表 5 - 13 中。

五、实验报告

（1）将实验结果与理论计算比较，分析产生误差的原因。

（2）整理实验数据画出相关波形及曲线，并对实验中的电压跟随现象加以说明。

实验四 多级放大电路

一、实验目的

(1) 掌握多级放大电路的组成和工作原理。

(2) 理解多级放大器各级之间的影响。

(3) 掌握放大器频率特性测试方法。

二、实验主要设备与器件

(1) 双踪示波器。

(2) 数字万用表。

(3) 信号发生器。

(4) 模拟电路实验箱。

三、实验原理

由二级及二级以上的放大器构成的电路称为多级放大电路。图 5-8 所示为本实验所用的多级放大电路。

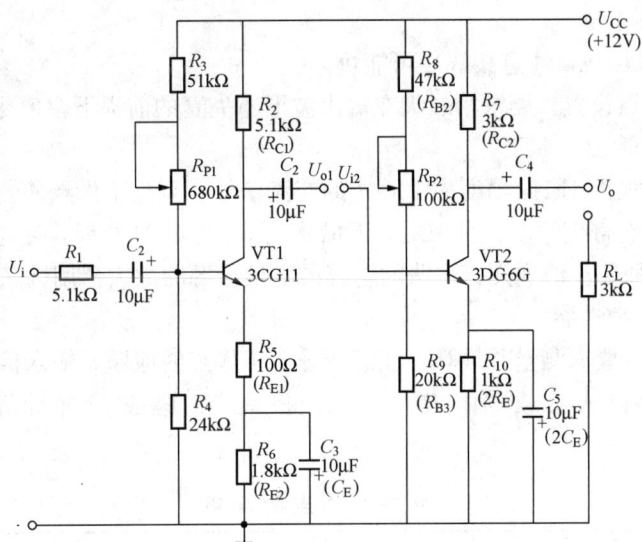

图 5-8 多级放大电路

1. 阻容耦合放大电路静态工作计算

阻容耦合放大电路因耦合电容有隔直作用,故各级静态工作点互相独立,只要一级一级地计算即可。

2. 两级放大电路的动态分析

(1) 中频电压放大倍数的估算。其表达式为

$$A_u = A_{u1} A_{u2}$$

单管共射极放大电路的电压放大倍数表达式为

$$A_u = -\frac{\beta(R'_L /\!/ R_C)}{r_{be} + (1+\beta)R_E} \tag{5-2}$$

要特别注意的是，式（5-2）中 R_L' 不仅是本级电路输出端的等效电阻，还应包含下一级电路等效至输入端的电阻，即前一级输出端往后看总的等效电阻。

（2）输入电阻的估算。两级放大电路的输入电阻一般来说就是输入级电路的输入电阻，即

$$R_i \approx R_{i1}$$

（3）输出电阻的估算。两级放大电路的输出电阻一般来说就是输出级电路的输出电阻，即

$$R_o \approx R_{o2}$$

3. 两级放大电路的频率响应

（1）幅频特性。已知两级放大电路总的电压放大倍数是各级放大电路放大倍数的乘积，则其对数幅频特性便是各级对数幅频特性之和，即

$$20\lg |\dot{A}_u| = 20\lg |\dot{A}_{u1}| + 20\lg |\dot{A}_{u2}|$$

（2）相频特性。两级放大电路总的相位移为各级放大电路相位移之和，即

$$\varphi = \varphi_1 + \varphi_2$$

四、实验内容

1. 设置静态工作点

（1）按图 5-8 接线，注意接线尽可能短。

（2）静态工作点设置，要求第二级在输出波形不失真的前提下幅值尽量大，第一级为增加信噪比点尽可能低。

（3）在输入端加上 1kHz 幅度为 10mV 的交流信号，调整工作点使输出信号不失真且无寄生振荡。如发现有寄生振荡，可采用以下措施消除：①重新布线，使连线尽可能短；②可在三极管 E、B 间加几皮法到几百皮法的电容；③信号源与放大器用屏蔽线连接。

2. 静态工作点的测量

（1）按表 5-14 要求测量并计算，注意测静态工作点时应断开输入信号。

（2）在输出端接入负载电阻 $R_L = 3k\Omega$，按表 5-14 测量并计算，将结果与（1）比较。

表 5-14   **静 态 工 作 点 的 测 量**

负载状态	静态工作点电压（V）						输入、输出电压（mV）			电压放大倍数		
	第一级			第二级						第一级	第二级	整体
	V_{C1}	V_{B1}	V_{E1}	V_{C2}	V_{B2}	V_{E2}	U_i	U_{o1}	U_{o2}	A_{u1}	A_{u2}	A_u
空载												
$R_L = 3k\Omega$												

3. 测两级放大器的频率特性

（1）将放大器负载断开，先将输入信号频率调到 1kHz，幅度调到使输出电压幅度最大且不失真。

（2）保持输入信号幅度不变，改变频率，按表 5-15 测量并记录。

（3）接上负载，重复上述实验。

表 5 - 15 频 率 特 性 的 测 量

	f(Hz)	50	100	250	500	1000	2500	5000	10 000	20 000
$U_\circ$	$R_L=\infty$									
	$R_L=3k\Omega$									

五、实验报告

（1）整理实验数据，分析实验结果。

（2）画出实验电路的频率特性简图，标出 f_H 和 f_L。

（3）总结增大频率范围的方法。

实验五　差 动 放 大 电 路

一、实验目的

（1）熟悉差动放大器工作原理。

（2）掌握差动放大器的基本测试方法。

二、实验主要设备与器件

（1）信号发生器。

（2）双踪示波器。

（3）交流毫伏表。

（4）数字万用表。

（5）模拟电路实验箱。

三、实验原理

差动放大器由两个元件参数相同的基本共射放大电路组成。如图 5-9 所示，当开关 S 拨向左边时，构成典型的差动放大器。调零电位器 R_P 用来调节 VT1、VT2 管的静态工作点，使得输入信号 $U_i = 0$ 时，双端输出电压 $U_o = 0$。R_E 为两管共用的发射极电阻，它对差模信号无负反馈作用，因而不影响差模电压放大倍数，但对共模信号有较强的负反馈作用，故可以有效地抑制零漂，稳定静态工作点。

当开关 S 拨向右边时，构成具有恒流源的差动放大器。它用晶体管恒流源代替发射极电阻 R_E，可以进一步提高差动放大器抑制共模信号的能力。

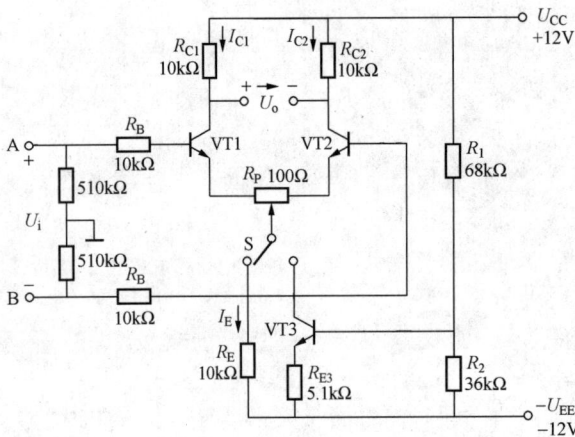

图 5-9　差动放大器实验电路

1. 静态参数的估算

典型电路的静态工作电流为

$$I_E \approx \frac{|U_{EE}| - U_{BE1}}{R_E} \quad （认为 U_{B1} = U_{B2} \approx 0）$$

$$I_{C1} = I_{C2} = \frac{1}{2}I_E$$

恒流源电路的静态工作电流为

$$I_{C3} \approx I_{E3} \approx \frac{\dfrac{R_2}{R_1 + R_2}(U_{CC} + |U_{EE}|) - U_{BE3}}{R_{E3}}$$

$$I_{C1} = I_{C2} = \frac{1}{2}I_{C3}$$

2. 差模电压放大倍数和共模电压放大倍数

当差动放大器的射极电阻 R_E 足够大，或采用恒流源电路时，差模电压放大倍数 A_d 由输出端方式决定，而与输入方式无关。

双端输出时，$R_E = \infty$，R_P 在中心位置，且有

$$A_d = \frac{\Delta U_o}{\Delta U_i} = -\frac{\beta R_C}{R_B + r_{be} + \frac{1}{2}(1+\beta)R_P}$$

单端输出时有

$$A_{d1} = \frac{\Delta U_{C1}}{\Delta U_i} = \frac{1}{2}A_d, \quad A_{d2} = \frac{\Delta U_{C2}}{\Delta U_i} = -\frac{1}{2}A_d$$

当输入共模信号时，若为单端输出，则有

$$A_{c1} = A_{c2} = \frac{\Delta U_{C1}}{\Delta U_i} = \frac{-\beta R_C}{R_B + r_{be} + (1+\beta)\left(\frac{1}{2}R_P + 2R_E\right)} \approx -\frac{R_C}{2R_E}$$

若为双端输出，在理想情况下有

$$A_c = \frac{\Delta U_o}{\Delta U_i} = 0$$

实际上由于元件不可能完全对称，因此 A_c 也不会绝对等于零。

3. 共模抑制比 K_{CMR}

差动放大器对有用信号（差模信号）的放大作用和对共模信号的抑制能力，通常用一个综合指标来衡量，即共模抑制比，单位为 dB。其表达式为

$$K_{CMR} = \left|\frac{A_d}{A_c}\right| \text{ 或 } K_{CMR} = 20\log\left|\frac{A_d}{A_c}\right|$$

差动放大器的输入信号可采用直流信号也可采用交流信号。本实验由函数信号发生器提供频率 $f = 1\text{kHz}$ 的正弦信号作为输入信号。

四、实验内容

1. 测量静态工作点

（1）调零。将图 5 - 9 所示电路的输入端短路并接地，接通直流电源，调节电位器 R_P，使得差动放大电路在双端输出时的电压 $U_o = 0\text{V}$。

（2）测量晶体管工作电位。测量晶体管各极对地的电位，并填入表 5 - 16 中，计算各三极管的 U_{BE} 值。

表 5 - 16　　　　　　　　　　　　　晶体管各极对地电位的测量

对地电位	V_{C1}	V_{C2}	V_{C3}	V_{B1}	V_{B2}	V_{B3}	V_{E1}	V_{E2}	V_{E3}
测量值（V）									

$U_{BE1} = $ _____ V，$U_{BE2} = $ _____ V，$U_{BE3} = $ _____ V。

2. 测量双端输入时的差模电压放大倍数

在输入端加入差模信号，并调整 $U_{id} = \pm 0.1\text{V}$，即 $U_{i1} = +0.1\text{V}$，$U_{i2} = -0.1\text{V}$。按表 5 - 17 的要求测量并记录，根据测量数据计算单端和双端输出的差模电压放大倍数。

表 5 - 17　　　　　　　　　　　测量双端输入时的差模电压放大倍数

测量及计算值	差　模　输　入					
	测　量　值（V）			计　算　值		
	U_{od1}	U_{od2}	U_{od}	A_{od1}	A_{od2}	A_{od}
输入信号$U_{id}=\pm0.1\text{V}$						

3. 测量双端输入时的共模电压放大倍数

在输入端加入共模信号，$U_{ic}=0.1\text{V}$，即 $U_{i1}=U_{i2}=0.1\text{V}$。按表5-18的要求测量并记录，由测量数据算出单端和双端输出的共模电压放大倍数，并计算共模抑制比 K_{CMR}。

表 5 - 18　　　　　　　　　　测量双端输入时的共模电压放大倍数

测量及计算值	差　模　输　入						共模抑制比
	测　量　值（V）			计　算　值			计算值
	U_{oc1}	U_{oc2}	U_{oc}	A_{oc1}	A_{oc2}	A_{oc}	K_{CMR}
输入信号$U_{ic}=0.1\text{V}$							

4. 测量单端输入时的差模电压放大倍数

在图 5 - 9 中，将 U_{i2} 直接接地，组成单端输入的差动放大电路，从 U_{i1} 端输入一频率为 $f=1\text{kHz}$，$U_{id}=0.1\text{V}$ 的正弦交流信号。按表 5 - 19 的要求测量并记录，由测量数据算出单端和双端输出的差模电压放大倍数，并与双端输入时的差模电压放大倍数比较。

表 5 - 19　　　　　　　　　　测量单端输入时的差模电压放大倍数

测量及计算值	差　模　输　入					
	测　量　值（V）			计　算　值		
	U_{od1}	U_{od2}	U_{od}	A_{od1}	A_{od2}	A_{od}
输入信号$U_{id}=0.1\text{V}$						
比较结果						

注意：输入交流信号时，用示波器监视 U_{c1}、U_{c2} 波形，若有失真现象，可适当减小输入电压值，使 U_{c1}、U_{c2} 不失真。

五、实验报告

(1) 整理实验数据，计算各种接法的 A_d，并与理论计算值相比较。

(2) 总结差动放大电路的性能和特点。

实验六 负反馈放大电路

一、实验目的

(1) 研究负反馈对放大电路性能的影响。

(2) 掌握负反馈放大电路性能的测试方法。

二、实验主要设备与器件

(1) 信号发生器。

(2) 双踪示波器。

(3) 交流毫伏表。

(4) 数字万用表。

(5) 模拟电路实验箱。

三、实验原理

1. 反馈原理

放大电路中，晶体管的参数会随着环境因素的改变而改变。特别是温度的变化，不仅会使放大器的工作点、放大倍数不稳定，而且还会造成失真、干扰等问题。为改善放大器的性能，常常在放大器中加入负反馈网络。

反馈就是把放大器输出量（电压或电流）的一部分或全部通过一定的方式送回到输入回路的过程。如图 5-10 所示，C_4 和 R_{11} 构成负反馈网络。反馈有交流反馈和直流反馈。直流反馈用于稳定工作点，交流反馈用于改善放大器的动态性能。

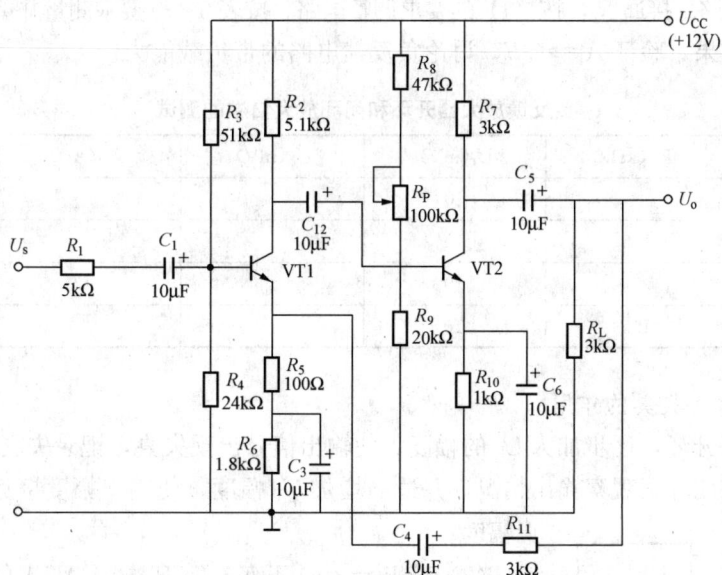

图 5-10 负反馈放大电路

根据输出端取样方式和输入端接入方式的不同，可以把负反馈放大器分为四种基本组态：电压串联负反馈、电流串联负反馈、电压并联负反馈、电流并联负反馈。

2. 反馈特性

负反馈放大器可以使放大器的许多性能指标得以改善，如提高放大器增益的稳定性；改变放大器输入、输出阻抗，以满足系统匹配的不同需要；提高放大器的信噪比；扩展放大器的通频带；提高放大器输入信号的动态范围等。

反馈对放大器性能的改善程度，取决于反馈量的大小，反馈深度是衡量反馈强弱的重要物理量，记为

$$1 + AF$$

式中：A 为开环增益；F 为反馈系数。

若引入负反馈后的闭环增益为 A_f，则

$$1 + AF = \frac{A}{A_f}$$

从上面的分析可知，引入负反馈会使放大器的增益降低。虽然负反馈牺牲了电路放大倍数，但改善了其他性能指标，因此在放大器中负反馈仍得到广泛应用。

四、实验内容

1. 负反馈放大器开环和闭环放大倍数的测试

（1）开环电路。按图 5-10 接线，R_f 先不接入，输入端接入 $U_i = 10\text{mV}$、$f = 1\text{kHz}$ 的正弦波。调整接线和参数使输出不失真且无寄生振荡。按表 5-20 要求进行测量并填表。

根据实测值计算开环放大倍数和输出电阻 R_o。输出电阻 R_o 的计算式为

$$R_o = \frac{U_o - U_{oL}}{U_{oL}} R_L$$

式中：U_o 是输出空载时的输出电压；U_{oL} 是接入负载 R_L 时的输出电压。

（2）闭环电路。接通 R_f，按（1）的要求调整电路。按表 5-20 要求测量并填表，计算 A_f。

根据实测结果，验证 $A_f \approx 1/F$，讨论负反馈电路的带负载能力。

表 5-20　　　　　　　　　　负反馈放大器开环和闭环放大倍数的测试

状态	$R_L(\text{k}\Omega)$	$U_i(\text{mV})$	$U_o(\text{mV})$	$A_u(A_f)$	$R_o(\Omega)$
开　环	∞	10			
	1.5	10			
闭　环	∞	10			
	1.5	10			

2. 负反馈改善失真的作用

（1）将电路开环，逐步加大 U_i 的幅度，使输出信号出现失真，记录失真波形的幅度。

（2）将电路闭环，观察输出情况，并适当增加 U_i 幅度，使输出幅度接近开环时失真波形幅度。

（3）若 $R_f = 3\text{k}\Omega$ 不变，但 R_f 接入 VT1 的基极，观察实验现象变化。

（4）画出上述各步实验的波形图。

3. 负反馈对输入电阻的影响

（1）在图 5-11 所示电路的输入回路中，串入一个 1kΩ

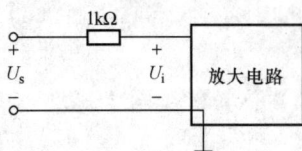

图 5-11　负反馈对输入
电阻影响实验图

的电阻，同时加入正弦信号使 $U_i=100\text{mV}$、$f=1\text{kHz}$，输出端空载。

（2）按表 5-21 所示内容，测量开环和闭环时的 U_s 和 U_i，计算 R_i 的值，比较负反馈对放大器输入电阻的影响。

测量 U_s 和 U_i 的值，因为

$$U_R = U_s - U_i$$

所以

$$R_i = \frac{U_i}{I_i} = \frac{U_i}{U_R/R_s} = R_s\frac{U_i}{U_s - U_i}$$

这样可以计算出放大器的输入电阻 R_i。

4. 测放大器频率特性

（1）将图 5-10 电路先开环，选择 U_i 适当幅度（频率为 1kHz）使输出信号在示波器上有满幅正弦波显示。

（2）保持输入信号幅度不变逐步增加频率，直到波形减小为原来的 70%，此时信号频率即为放大器 f_H。

（3）条件同（1），但逐渐减小频率，测得 f_L。

（4）将电路闭环，重复（1）～（3）步骤，并将结果填入表 5-22 中。

表 5-21	负反馈对输入电阻的影响		
状态	U_s(V)	U_i(V)	$R_i(\Omega)$
开环			
闭环			

表 5-22	放大器截止频率的测量	
状态	f_H(Hz)	f_L(Hz)
开环		
闭环		

五、实验报告

（1）将实验值与理论值比较，分析误差原因。

（2）根据实验内容总结负反馈对放大电路的影响。

实验七　比例求和运算电路

一、实验目的

（1）了解集成运算放大器的特性。

（2）掌握比例求和电路的组成及其特性。

（3）掌握运算放大电路的测试和分析方法。

二、实验主要设备与器件

（1）万用表。

（2）示波器。

（3）信号发生器。

（4）模拟电路实验箱。

三、实验原理

集成运算放大器工作在线性区时，是一种具有高放大倍数的放大器。结合负反馈网络，电路可作各种线性应用来实现多种数学运算，如比例、加法、减法、积分、微分等运算。其中，比例电路（也称为比例运算电路）指将信号按比例放大的电路，它由集成运放和电阻组成，具有反相输入和同相输入两种不同形式。

通常集成运放工作时具有以下两个特点：

（1）集成运放两个输入端之间的电压差通常非常接近于零，即 $U_+ \approx U_-$，但不是实际的短路，故称为"虚短"；

（2）流入集成运放两个输入端的电流通常可视为零，即 $I_+ \approx 0$，$I_- \approx 0$，但不是断开，故称为"虚断"。

四、实验内容

1. 反相比例放大器

（1）实验电路如图 5 - 12 所示。

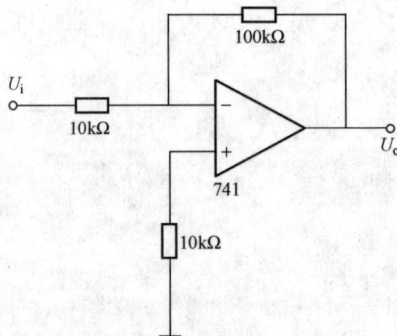

图 5 - 12　反相比例放大器

（2）按表 5 - 23 内容进行实验，测量数据并记录，观察反相比例放大器的主要特点。

表 5 - 23   **反相比例放大电路特点研究**

输入电压 U_i(mV)		30	100	300	1000	3000
输出电压 U_o	理论估算（mV）					
	实测值（mV）					
	误差					

2. 同相比例放大器

（1）实验电路如图 5 - 13 所示。

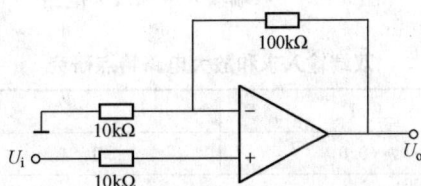

图 5 - 13   同相比例放大器

（2）按表 5 - 24 内容进行测量并记录。观察同相比例放大器的主要特点。

表 5 - 24   **同相比例放大电路特点研究**

输入电压 U_i(mV)		30	100	300	1000	3000
输出电压 U_o	理论估算（mV）					
	实测值（mV）					
	误差					

3. 反相求和放大电路

（1）按图 5 - 14 所示连接电路。

（2）按表 5 - 25 内容进行实验测量并记录。观察反相求和放大电路的主要特点。

4. 双端输入求和放大电路

（1）按图 5 - 15 所示连接电路。

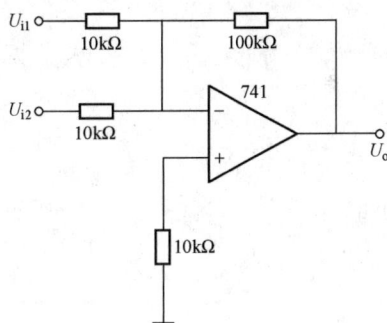

图 5 - 14   反相求和放大电路

表 5 - 25   **反相求和放大电路特点研究**

U_{i1}(V)	0.3	-0.3	-0.3
U_{i2}(V)	0.2	0.2	-0.2
U_o(V)			

（2）按表 5 - 26 要求测量并记录。观察双端输入求和放大电路的主要特点。

五、实验报告

（1）总结本实验中几种运算电路的特点及性能。

（2）分析理论计算与实验结果误差的原因。

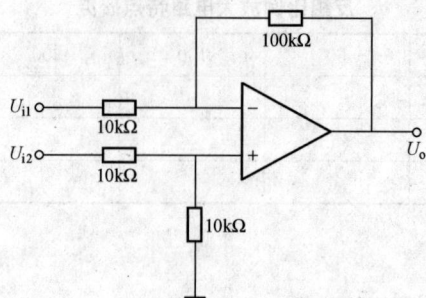

图 5-15 双端输入求和放大电路

表 5-26   **双端输入求和电路特点研究**

U_{i1} (V)	1	2	0.2
U_{i2} (V)	0.5	1.8	-0.2
U_o (V)			

实验八 积分与微分电路

一、实验目的

（1）学会用运算放大器组成积分、微分电路。

（2）掌握积分、微分电路的特性。

二、实验主要设备与器材

（1）万用表。

（2）信号发生器。

（3）双踪示波器。

（4）模拟电路实验箱。

三、实验原理

1. 积分运算电路

积分运算电路如图 5-16 所示。在进行积分运算之前，应先对运放输出闭环调零。为便于调节，将图 5-16 中开关 S 闭合。S 的作用是：一方面为积分电容提供放电通路，将其闭合即可实现积分电容初始电压 $U_C(0)=0$；另一方面可控制积分起始点，即在加入信号 U_i 后，只要 S 一断开，电容就以与 U_i 成正比的电流 U_i/R 被充电，电路也就开始进行积分运算。

积分电路输入与输出信号之间的函数关系为

$$U_o = -\frac{1}{C}\int_0^t \frac{U_i}{R}dt = -\frac{1}{RC}\int_0^t U_i dt = -\frac{1}{\tau}\int_0^t U_i dt$$

$$\tau = RC$$

2. 微分运算电路

微分运算电路如图 5-17 所示。该电路输入与输出信号之间的函数关系为

$$U_o = RC\frac{dU_i}{dt}$$

微分运算电路可以实现矩形波变换成尖顶脉冲波。

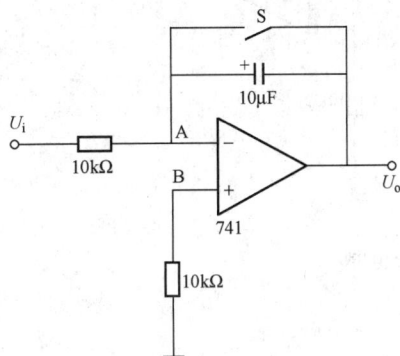

图 5-16 积分运算电路

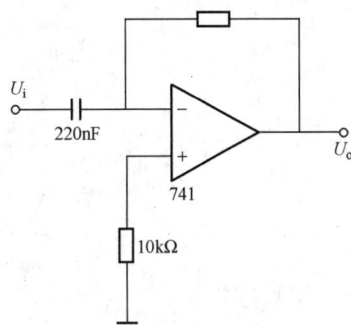

图 5-17 微分运算电路

四、实验内容

1. 积分电路特性研究

（1）积分电路如图 5-16 所示，取 $U_i = -1V$，断开 S，用示波器观察 U_o 变化，并做图

记录，说明 U_o 的变化情况。

提示：开关 S 闭合时，电压由高电压变为零电位；S 断开时，有一充电过程，电压升到 7V，然后经历一个缓慢的下降过程，下降幅度约 1V，到 6V 左右稳定。

（2）测量饱和输出电压及其有效积分时间。

（3）将图 5-16 中积分电容改为 $0.1\mu F$，断开 S，U_i 分别输入 100Hz 幅值为 2V 的方波和正弦信号，观察 U_i 和 U_o 大小及相应关系，并记录相关参数及波形。其中电容改为 220nF，在电容两端并接 $100k\Omega$ 电阻。

（4）改变电路输入信号的频率，观察 U_i 与 U_o 的相应幅值关系。

2．微分电路

（1）微分电路如图 5-17 所示，输入频率为 160Hz、有效值为 1V 的正弦信号，用示波器观察 U_i 与 U_o 波形并测量输出电压值。

提示：电路输入电容改为 220nF，若输出有尖顶失真则在 $10k\Omega$ 电阻上并联一个 47nF 或 100nF 的电容。

（2）改变正弦波频率（20～400Hz），观察 U_i 与 U_o 的相位、幅值变化情况并记录。

（3）输入频率为 200Hz、幅值 1V 的方波信号，用示波器观察 U_o 波形。按上述步骤重复实验。

3．积分—微分电路

（1）如图 5-18 所示，在 U_i 端输入频率为 200Hz、幅值为 1V 的方波信号，用示波器观察 U_i 和 U_o 的波形并记录。提示：电路中微分电路电阻并联 47nF 电容。

（2）将输入信号频率改为 500Hz，重复上述实验步骤。

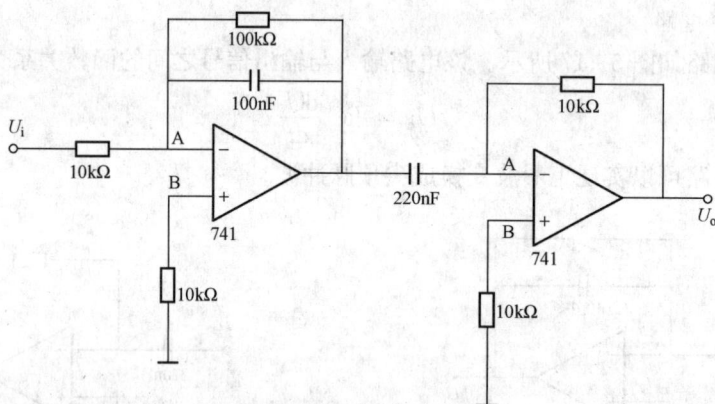

图 5-18　积分—微分电路

五、实验报告

（1）整理实验中的数据及波形，总结积分、微分电路特点。

（2）分析实验结果与理论计算有误差的原因。

实验九 有 源 滤 波 器

一、实验目的

(1) 熟悉有源低通滤波、高通滤波和带通、带阻滤波器。

(2) 掌握各种滤波器的特性。

(3) 掌握测量有源滤波器幅频特性的方法。

二、实验主要设备与器件

(1) 信号发生器。

(2) 示波器。

(3) 频率计。

(4) 交流毫伏表。

(5) 模拟电路实验箱。

三、实验原理

滤波器是一种信号处理电路，其功能是选出有用信号，抑制无用信号。

滤波器按选通信号的频率范围不同，可分为低通滤波器、高通滤波器、带通滤波器和带阻滤波器四种基本形式。低通滤波器是指通过低频信号衰减或抑制高频信号的电路；高通滤波器功能则与低通滤波器相反；带通滤波器是指让某频率范围内的信号能够通过而其他频率的信号不能够通过的电路；带阻滤波器与带通滤波器的作用恰好相反，是让某频率范围内的信号不能够通过而其他频率的信号能够通过的电路。

用集成运放和电阻、电容可组成各种类型的有源滤波器。

1. 低通滤波器

用一级 RC 网络组成的低通滤波器称为一阶 RC 有源低通滤波器，如图 5-19 所示。

在图 5-19（a）的基础上再加一级 RC 网络，可改善滤波效果。为克服在截止频率附近的通频带范围内幅度下降过多的缺点，通常采用将第一级电容 C 的接地端改接到输出端的方式，如图 5-20 所示，即为一个典型的二阶有源低通滤波器。

这种有源滤波器的幅频率特性为

$$\dot{A} = \frac{\dot{U}_o}{\dot{U}_i} = \frac{A_u}{1 + (3 - A_u)sCR + (sCR)^2} = \frac{A_u}{1 - \left(\dfrac{\omega}{\omega_0}\right)^2 + j\dfrac{1}{Q}\dfrac{\omega}{\omega_0}}$$

式中：A_u 为二阶低通滤波器的通带增益，$A_u = 1 + \dfrac{R_f}{R_{10}}$；$s$ 代表 $j\omega$；ω_0 为截止频率，它是二阶低通滤波器通带与阻带的界限频率，$\omega_0 = 1/RC$；Q 为品质因数，它的大小影响低通滤波器在截止频率处幅频特性的形状，$Q = \dfrac{1}{3 - A_u}$。

2. 高通滤波器

高通滤波器是用来通过高频信号，衰减或抑制低频信号的滤波器。将低通滤波电路中起滤波作用的电阻、电容互换，可变成有源高通滤波器，如图 5-21 所示。其频率响应和低通滤波器是"镜像"关系。

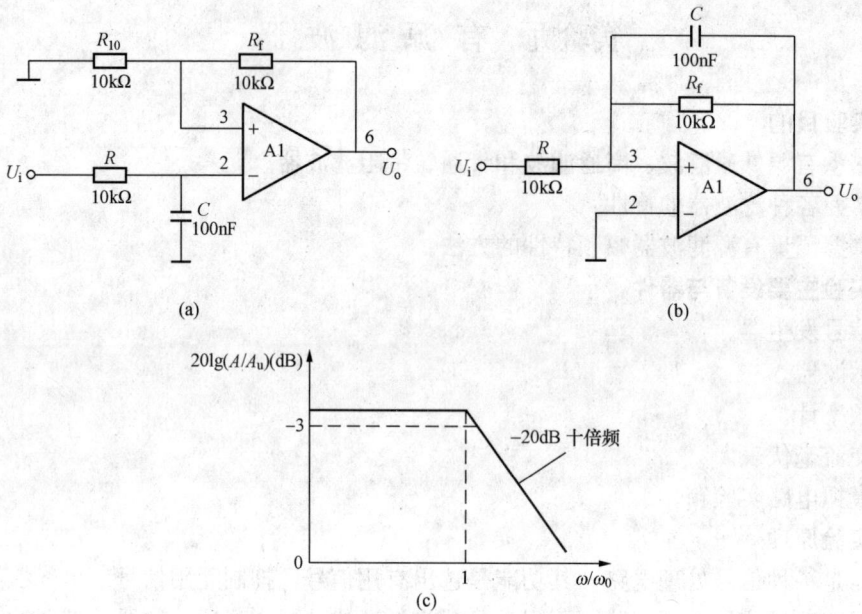

图 5-19　一阶 RC 有源低通滤波器

（a）RC 网络接在反相输入端；（b）RC 网络接在同相输入端；

（c）一阶 RC 低通滤波器的幅频特性

这种高通滤波器的幅频特性为

$$\dot{A} = \frac{\dot{U}_o}{\dot{U}_i} = \frac{(sCR)^2 A_u}{1 + (3 - A_u)sCR + (sCR)^2} = \frac{\left(\dfrac{\omega}{\omega_0}\right) A_u}{1 - \left(\dfrac{\omega}{\omega_0}\right)^2 + j\dfrac{1}{Q}\dfrac{\omega}{\omega_0}}$$

式中：A_u 为二阶低通滤波器的通带增益，$A_u = 1 + \dfrac{R_f}{R_{10}}$；$\omega_0$ 为截止频率，它是二阶低通滤波器通带与阻带的界限频率，$\omega_0 = 1/RC$；Q 为品质因数，它的大小影响低通滤波器在截止频率处幅频特性的形状，$Q = \dfrac{1}{3 - A_u}$。

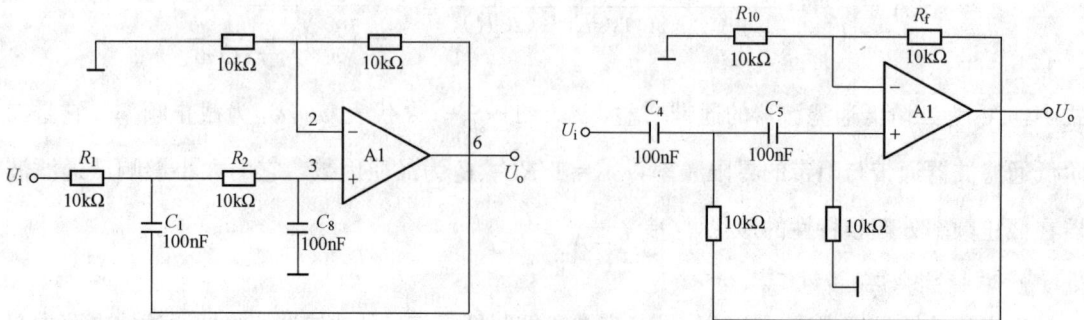

图 5-20　典型二阶有源低通滤波器

图 5-21　高通滤波器

3. 带通滤波器

带通滤波器的作用是只允许在某一个通频带范围内的信号通过，而比通频带下限频率低和比上限频率高的信号均加以衰减或抑制。

典型的带通滤波器可以将二阶低通滤波电路中某一级改成高通而成，如图5-22所示。其幅频特性为

$$\dot{A} = \frac{\dot{U}_o}{\dot{U}_i} = \frac{\left(1 + \dfrac{R_f}{R_{12}}\right)\dfrac{1}{\omega_0 RC}\dfrac{s}{\omega_0}}{1 + \dfrac{B}{\omega_0}\dfrac{s}{\omega_0} + \left(\dfrac{s}{\omega_0}\right)^2}$$

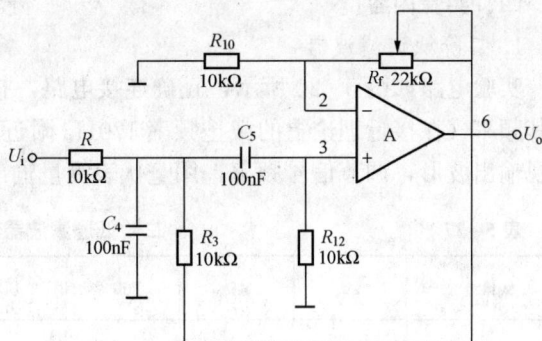

图5-22　典型二阶带通滤波器

中心角频率为

$$\omega_0 = \sqrt{\frac{1}{R_{12}C^2}\left(\frac{1}{R} + \frac{1}{R_3}\right)}$$

频带宽为

$$B = \frac{1}{C}\left(\frac{1}{R} + \frac{2}{R_{12}} - \frac{R_f}{R_{12}R_3}\right)$$

品质因数为

$$Q = \frac{f_0}{B}$$

在图5-23所示电路中改变R_f和R_{10}的比例就可改变频带宽而不影响中心频率。

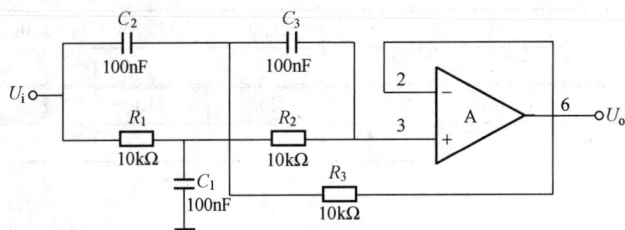

图5-23　二阶带阻滤波器

4. 带阻滤波器

带阻滤波器的作用是在规定的频带内，信号不能通过（或受到很大衰减），而在其余频率范围，信号则能顺利通过。

二阶带阻滤波器电路如图5-23所示，该电路的性能和带通滤波器相反，用于抗干扰设备中。

这种电路的幅频特性为

$$\dot{A} = \frac{\dot{U}_o}{\dot{U}_i} = \frac{\left[1 + \left(\dfrac{S}{\omega_0}\right)^2\right]A_u}{1 + 2(2 - A_u)\dfrac{S}{\omega_0} + \left(\dfrac{S}{\omega_0}\right)^2}$$

$$A_u = \frac{R_2}{R_1}$$

$$\omega_0 = \frac{1}{RC}$$

可见，A_u愈接近2，$|A|$愈大，即起到阻断范围变窄的作用。

四、实验内容

1. 二阶低通滤波器

实验电路如图 5-20 所示，正确连接电路，打开直流开关，取 $U_i=0.3V$ 的正弦波，改变其频率（在接近理论上的截止频率 170Hz 附近改变），并维持 $U_i=0.3V$ 不变。用示波器监视输出波形，调节信号频率，用毫伏表测量输出电压 U_o，记入表 5-27 中。

表 5-27 二阶低通滤波器特性研究

f(Hz)	20	40	60	80	100	120	140	150
U_o(V)								
f(Hz)	150	160	170	180	190	200	210	220
U_o(V)								

输入方波，调节频率（在接近理论上的截止频率 170Hz 附近调节），取 U_i 峰峰值 1V，观察输出波形，越接近截止频率得到的正弦波越好，频率远小于截止频率时波形几乎不变仍为方波。

2. 二阶高通滤波器

实验电路如图 5-21 所示，正确连接电路，打开直流开关，取 $U_i=0.3V$ 的正弦波，改变其频率（在接近理论上的高通截止频率 140Hz 附近改变），并维持 $U_i=0.3V$ 不变。用示波器监视输出波形，调节信号频率，用毫伏表测量输出电压 U_o，记入表 5-28 中。

表 5-28 二阶高通滤波器特性研究

f(Hz)	20	40	60	80	100	120	140	150
U_o(V)								
f(Hz)	150	160	170	180	190	200	210	220
U_o(V)								

3. 带通滤波器

实验电路如图 5-22 所示，正确连接电路，打开直流开关，取 $U_i=0.3V$、$f=1kHz$ 的正弦波，用示波器观察 U_o，调节 22kΩ 变阻器使输出信号不失真。保持变阻器值不变，改用低频毫伏表测量 U_o，并调节信号频率，记录上限频率 f_H 和下限频率 f_L，画出电路的幅频特性。

4. 带阻滤波器

实验电路选定为图 5-23 所示的双 T 型 RC 网络，打开直流开关，取 $U_i=0.3V$、$f=1kHz$ 的正弦波，用低频毫伏表测量 U_o。调节信号频率，记录上限频率 f_H 下限频率 f_L，画出电路的幅频特性。

五、实验报告

（1）整理实验数据，画出各种滤波电路的特性曲线。

（2）试设计一中心频率为 300Hz、带宽为 200Hz 的带通波器。

实验十 电压比较器

一、实验目的

(1) 了解电压比较器的构成及其特点。

(2) 掌握测试电压比较器特性的方法。

二、实验主要设备与器件

(1) 双踪示波器。

(2) 信号发生器。

(3) 万用表。

(4) 模拟电路实验箱。

三、实验原理

电压比较器主要工作在集成运放的非线性区域，它将一个模拟量的电压信号和一个参考电压相比较，在两者幅度相等的附近输出电压将产生跃变，相应输出高电平或低电平。比较器可以应用于模拟与数字信号转换等领域，其中的一个基本应用就是组成非正弦波形变换电路。

四、实验内容

1. 过零比较器

实验电路如图 5-24 所示。

(1) 按图 5-24 接线，当 U_i 悬空时，测 U_o 电压。

(2) U_i 输入频率为 500Hz、幅值为 1V 的正弦波，观察 U_i 和 U_o 波形并记录。

(3) 改变 U_i 幅值，观察 U_o 变化。

2. 反相滞回比较器

实验电路如图 5-25 所示。

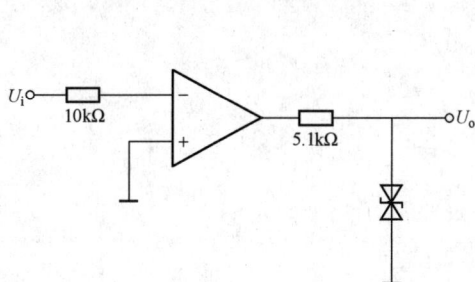

图 5-24 过零比较器   图 5-25 反相滞回比较器

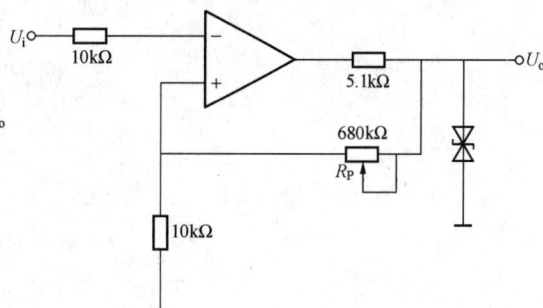

(1) 按图 5-25 接线，将 R_P 调为 100kΩ，U_i 接直流电压源，测出 U_o 由 $+U_{om}$ 变为 $-U_{om}$ 时 U_i 的临界值。

(2) 步骤同 (1)，测出 U_o 由 $-U_{om}$ 变为 $+U_{om}$ 时 U_i 的临界值。

(3) U_i 接入频率为 500Hz、幅值为 1V 的正弦信号，观察并记录 U_i 和 U_o 的波形。

(4) 将电路中 R_P 调为 200kΩ，重复上述实验。

3. 同相滞回比较器

实验电路如图 5-26 所示。

（1）按图5-26接线，将R_P调为100kΩ，U_i接直流电压源，测出U_o由$+U_{om}$变为$-U_{om}$时U_i的临界值。

（2）步骤同（1），测出U_o由$-U_{om}$变为$+U_{om}$时U_i的临界值。

（3）U_i接入频率为500Hz、幅值为2V的正弦信号，观察并记录U_i和U_o的波形。

（4）将电路中R_P调为200kΩ，重复上述实验。

五、实验报告

（1）整理实验数据及波形图，并与计算值比较。

（2）总结几种比较器的特点。

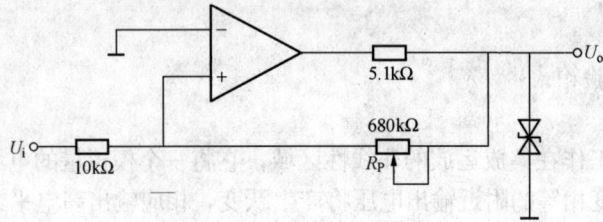

图5-26　同相滞回比较器

实验十一 RC 正弦波振荡器

一、实验目的

（1）了解桥式 RC 正弦波振荡器的电路的结构和工作原理。

（2）熟悉正弦波振荡器的调整、测试方法。

（3）观察 RC 参数对振荡频率的影响，学习振荡频率的测定方法。

二、实验主要设备与器件

（1）信号发生器。

（2）双踪示波器。

（3）交流毫伏表。

（4）数字万用表。

（5）模拟电路实验箱。

三、实验原理

桥式正弦波振荡电路由 RC 串并联选频网络和同相比例放大电路组成。RC 串并联网络将输出电压 U_o 反馈到集成运放的同相输入端，形成正反馈。根据产生振荡的相位条件，可得桥式正弦波振荡电路的振荡频率为

$$f_0 = \frac{1}{2\pi RC}$$

起振的幅值条件为

$$\frac{R_f}{R_1} \geqslant 3$$

四、实验内容

（1）按图 5-27 接线，注意需先调节电阻，令 $R_{P1} = R_2 = 10\text{k}\Omega$ 再接入电路。

（2）接通电源用示波器观察输出波形并记录。

（3）用示波器测定上述电路的输出频率 f_0。

（4）改变振荡频率。先将 R_{P1} 调整为 $30\text{k}\Omega$，然后在 R_2 与接地端之间串联 1 个 $20\text{k}\Omega$ 电阻，改变 RC 串联网络的电阻使其等效电阻为 $30\text{k}\Omega$。

注意：改变参数前，必须先切断实验箱电源开关，经检查无误后，再接通电源。测 f_0 之前，应适当调节 R_{P2} 使 U_0 无明显失真后，再测频率 f_0。

（5）测量集成运算放大器的闭环电压放大倍数 A_f。先测出图 5-27 电路的输出电压值 U_o，关断实验箱电源，保持 R_{P2} 及信号发生器频率不变，断开图中 A 点与选频网络点接线，低频信号发生器的输出电压 U_s 接至一个 $1\text{k}\Omega$ 的电位器上分压得到的 U_i 信号，将 U_i 接到集成运放的同相输入端，如

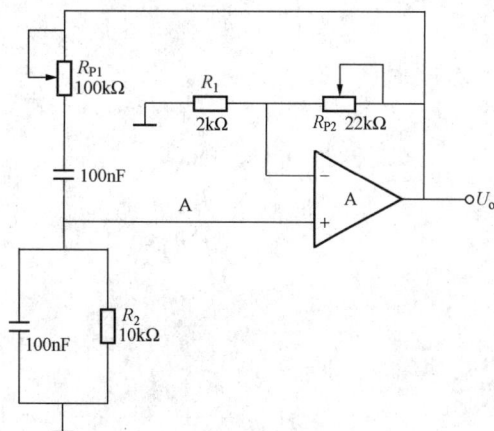

图 5-27 RC 正弦波振荡器

图 5-28 所示。调节 U_i，使 U_o' 等于 U_o，测出此时的 U_i 值。根据测得的输入、输出电压数据求得集成运算放大器的闭环电压放大倍数 A_f。

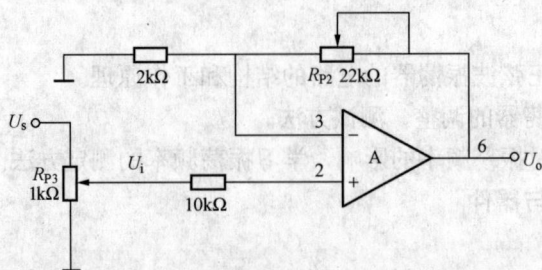

图 5-28 RC 正弦波振荡器闭环增益的测量

（6）设计实验步骤，测量 RC 串并联网络的输出电压记入表 5-29 中，描绘出幅频特性曲线。

表 5-29   RC 串并联网络的幅频特性研究

频率（Hz）	20	40	60	80	100	120	140	160
输出电压峰—峰值(V)								
频率（Hz）	180	200	220	300	500	700	1k	2k
输出电压峰—峰值(V)								

五、实验报告

（1）整理实验数据及波形图，做出 RC 串并联网络的幅频特性曲线。

（2）总结改变反馈深度对振荡器起振的幅值条件及输出波形的影响。

六、思考题

讨论电路中哪些参数与振荡频率有关？将振荡频率的实测值与理论估算值比较，分析产生误差的原因。

实验十二　集成功率放大器

一、实验目的

(1) 熟悉集成功率放大器的特点和主要性能。

(2) 掌握集成功率放大器技术指标的测试方法。

二、实验主要设备与器件

(1) 示波器。

(2) 信号发生器。

(3) 万用表。

(4) 模拟电路实验箱。

三、实验原理

1. 集成功率放大器工作原理

集成功率放大器由功率放大集成块和一些外围阻容元件构成的。它具有线路简单、性能优越、工作可靠、调试方便等优点，已经在音频等领域中广泛应用。

功率放大集成块是集成功率放大器中最主要的组件，其内部通常包括前置级、推动级和功率级等几部分，此外还包括噪声消除、短路保护等功能电路。

2. 内部结构

集成功放模块的种类很多，以 LA4112 为例，其的内部电路如图 5 - 29 所示。可见，LA4112 由三级电压放大电路、一级功率放大电路，以及偏置、恒流、反馈、退耦电路组成。

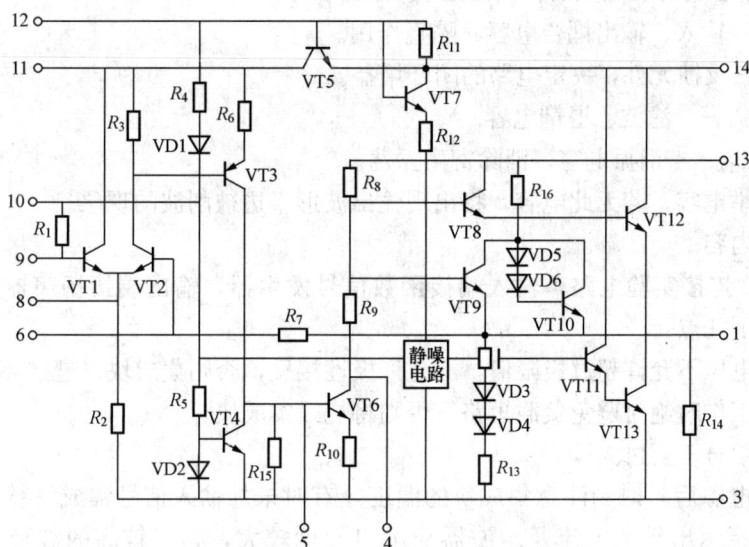

图 5 - 29　LA4112 内部电路图

(1) 电压放大级。第一级选用由 VT1 和 VT2 管组成的差动放大器，这种直接耦合的放大器零漂较小；第二级的 VT3 管完成直接耦合电路中的电平移动，VT4 是 VT3 管的恒流源负载，以获得较大的增益；第三级由 VT6 管等组成，此级增益最高，为防止出现自激振荡，需在该管的 B、C 极之间外接消振电容。

（2）功率放大级。由 VT8～VT13 等组成复合互补推挽电路。为提高输出级增益和正向输出幅度，需外接"自举"电容。

（3）偏置电路。偏置电路是为建立各级合适的静态工作点而设立。

LA4112 除上述主要部分外，为了使电路工作正常，还需要和外部元件一起构成反馈电路来稳定和控制增益。

3. 典型集成功率放大器应用电路

由 LA4112 构成的集成功放实验电路如图 5-30 所示。

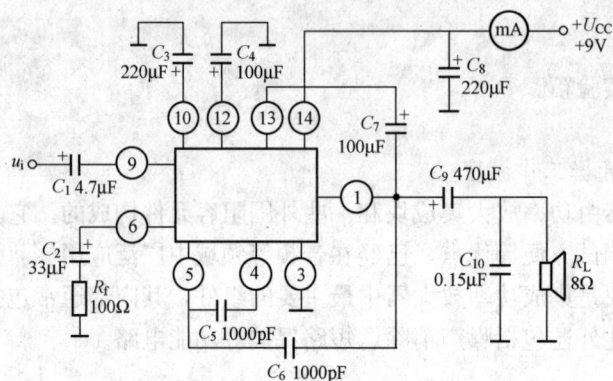

图 5-30　由 LA4112 构成的集成功放实验电路

图 5-30 中各电容和电阻的作用简要说明如下：

C_1、C_9——输入、输出耦合电容，隔直作用。

C_2、R_f——反馈元件，决定电路的闭环增益。

C_3、C_4、C_8——滤波、退耦电容。

C_5、C_6、C_{10}——消振电容，消除寄生振荡。

C_7——自举电容，若无此电容，将出现输出波形半边被削波的现象。

四、实验内容

按图 5-30 连接实验电路，输入端接函数信号发生器，输出端接扬声器。进行本实验时，应注意以下几点：

（1）电源电压不允许超过极限值，不允许极性接反，否则集成块将遭损坏。

（2）电路工作时绝对避免负载短路，否则将烧毁集成块。

（3）输入信号不要过大。

（4）接通电源后，时刻注意集成块的温度，有时未加输入信号集成块就发热过甚，同时直流毫安表指示出较大电流及示波器显示出幅度较大，频率较高的波形，这说明电路有自激现象，应即关机，然后进行故障分析和处理，待自激振荡原因消除后，才能重新进行实验。

1. 静态测试

接通＋9V 直流电源，将输入信号旋钮旋至零，测量静态总电流及集成块各引脚对地电压，记入自拟表格中。

2. 动态测试

输入端接 1kHz 正弦信号，输出端用示波器观察输出电压波形，逐渐加大输入信号幅度，使输出电压为最大不失真输出，用交流毫伏表测量此时的输出电压 U_{om}，则最大输出功率为

$$P_{om} = \frac{U_{om}^2}{R_L}$$

断开自举电容 C_7，观察输出电压波形变化情况。

五、实验报告

（1）作出电源电压与输出电压、输出功率的关系曲线。

（2）整理实验数据进行分析，并画出频率响应曲线。

（3）讨论实验中发生的问题及解决办法。

实验十三　直流稳压电源的测试

一、实验目的

(1) 了解集成稳压器的特点和性能指标的测试方法。

(2) 学会用集成稳压器设计稳压电源。

二、实验主要设备与器件

(1) 万用表。

(2) 模拟电路实验箱。

三、实验原理

常见的集成稳压器分为多端式和三端式。三端式集成稳压器外部只有三个引线端子，分别接输入端、输出端和公共接地端，一般不需外接元件，并且内部有限流保护、过热保护及过压保护，使用方便、安全。

78、79 系列三端式集成稳压器的输出电压是固定的，在使用中不能进行调整。另有可调式三端稳压器 LM317（正稳压器）和 LM337（负稳压器）。

1. 固定式三端稳压器

图 5-31 是用三端式稳压器 7805 构成实验电路图。滤波电容 C 一般选取几百至几千微法。在输入端必须接入电容 C_1（数值为 $0.33\mu F$），以抵消线路的电感效应，防止产生自激振荡。输出端电容 $C_2(1\mu F)$ 用以滤除输出端的高频信号。

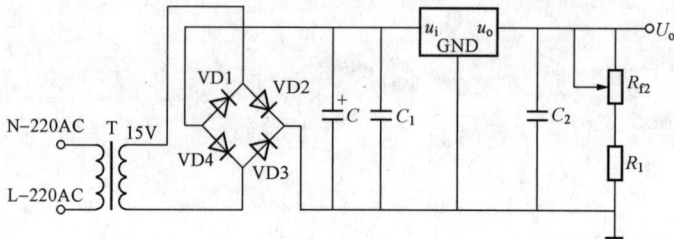

图 5-31　固定式稳压电源电路

2. 可调式三端稳压器

图 5-32 为可调式三端稳压电源电路，可输出连续可调的直流电压，其输出电压范围在 0～18V，最大输出电流为 110mA，稳压器内部含有过流、过热保护电路。如图 5-32 所示，C_1 为滤波电容，VD7 为保护二极管，以防稳压器输出端电流倒灌而损坏集成块。

稳压电源的主要性能指标：

(1) 输出电压 U_o 及其调节范围。调节 R_{f2} 可以改变输出电压 U_o。

(2) 最大负载电流 I_{om}。

(3) 输出电阻 R_o。

在电路正常工作条件下，测出输出端不接负载 R_L 的输出电压 U_o 和接入负载后输出电压 U_L，根据

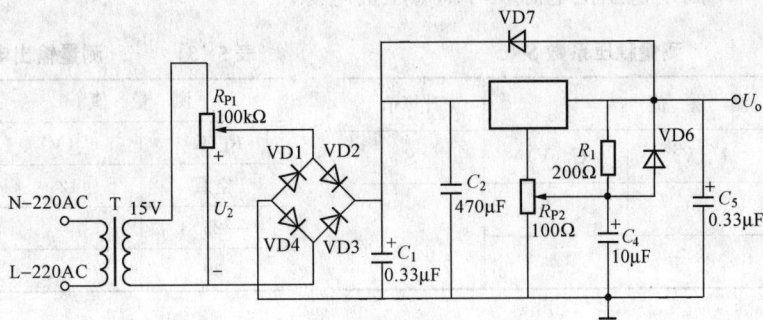

图 5-32 可调集成稳压电源电路

$$U_L = \frac{R_L}{R_o + R_L} U_o$$

即可求出 R_o 为

$$R_o = \left(\frac{U_o}{U_L} - 1\right)R_L$$

（4）稳压系数 S（电压调整率）。稳压系数定义为：当负载保持不变，输出电压相对变化量与输入电压相对变化量之比，即

$$S = \frac{\Delta U_o/U_o}{\Delta U_i/U_i}$$

由于工程上常把电网电压波动±10%作为极限条件，因此也有将此时输出电压的相对变化 $\Delta U_o/U_o$ 作为衡量指标，称为电压调整率。

（5）纹波电压。输出纹波电压是指在额定负载条件下输出电压中所含交流分量的有效值（或峰-峰值）。

四、实验内容

按图 5-32 正确连接实验电路，使 $R_{P1}=100\text{k}\Omega$ 变阻器的滑动头在顶端，即给稳压电路输入 15V 电压。

1. 观察输出电压 U_o 的范围

（1）开路情况下的稳压范围。

（2）带负载 75Ω，调节 R_{f3}，观察输出电压 U_o 的范围。

2. 测量稳压系数 S

调整 $R_{P1}=100\text{k}\Omega$ 变阻器，改变整流电路输入电压 U_2（二极管组成的整流电路中 VD1 和 VD3 两端的电压，模拟电网电压波动），分别测出相应的稳压器输入电压 U_i（二极管组成的整流电路中 VD2 和 VD4 两端的电压）及输出直流电压 U_o，记入表 5-30 中。

3. 测量输出电阻 R_0

取 $U_2=15\text{V}$（即虚线左端二极管组成的整流电路中 VD1 和 VD3 两端的电压），改变 R_{f3}，使电路空载时输出电压为 12V，按表 5-31 测量并记录。

五、实验报告

（1）总结稳压电源理论要点。

（2）根据实验测量值，作出电源电压与输出电压、输出功率的关系曲线。

（3）设计一个固定稳压正电源和可调稳压负电源。

表 5 - 30　　　　　测量稳压系数 S

测 量 值			计算值
$U_2(V)$	$U_i(V)$	$U_o(V)$	S
7.5			
15			

表 5 - 31　　　　　测量输出电阻 R_o

测 量 值		计算值
$R_L(\Omega)$	$U_o(V)$	$R_o(\Omega)$
空载	12	
25		
30		

第六章　数字电子技术实验

实验一　门电路逻辑功能测试

一、实验目的

(1) 熟悉数字电路实验箱的组成和使用方法。

(2) 掌握常用门电路的逻辑功能及测试方法。

二、实验主要设备与器件

(1) 数字电路实验箱。

(2) 74LS08、74LS32、74LS00、74LS86 门电路各一块。

三、实验原理

门电路是数字电路的基本逻辑单元。逻辑运算中最基本的运算是与、或和非运算，完成相应功能的门电路分别是与门（74LS08）、或门（74LS32）及非门（74LS04）。常用的门电路还有与非门、或非门及异或门等。

1. 与门

与门的逻辑函数式为

$$Y = AB$$

本实验中使用 74LS08 二输入四与门，其引脚如图 6-1 所示。它是在一块器件中集成四个相互独立的与门，每个与门有两个输入端。

2. 或门

或门的逻辑函数式为

$$Y = A + B$$

本实验中使用 74LS32 二输入四或门，其引脚如图 6-2 所示。

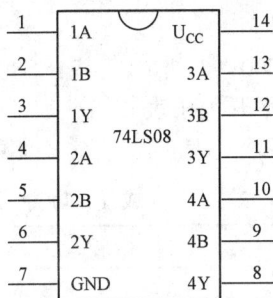

图 6-1　74LS08 引脚图

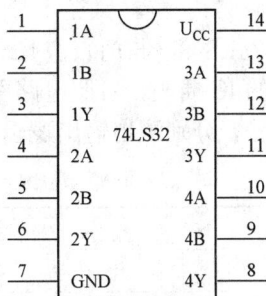

图 6-2　74LS32 引脚图

3. 与非门

与非门的逻辑函数式为

$$Y = \overline{AB}$$

本实验中使用 74LS00 二输入四与非门，其引脚如图 6 - 3 所示。

4. 异或门

异或门的逻辑函数式为

$$Y = A \oplus B = \overline{A}B + A\overline{B}$$

本实验中使用 74LS86 二输入四异或门，其引脚如图 6 - 4 所示。它是在一块集成块内含有四个互相独立的异或门，每个异或门有两个输入端。

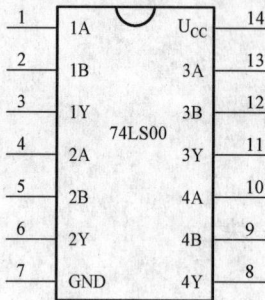

1 — 1A	U_CC — 14
2 — 1B	3A — 13
3 — 1Y	3B — 12
4 — 2A (74LS00)	3Y — 11
5 — 2B	4A — 10
6 — 2Y	4B — 9
7 — GND	4Y — 8

图 6 - 3 74LS00 引脚图

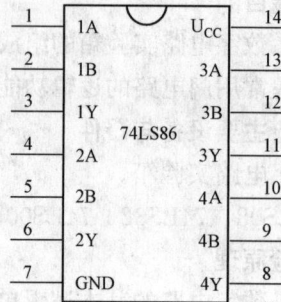

1 — 1A	U_CC — 14
2 — 1B	3A — 13
3 — 1Y	3B — 12
4 — 2A (74LS86)	3Y — 11
5 — 2B	4A — 10
6 — 2Y	4B — 9
7 — GND	4Y — 8

图 6 - 4 74LS86 引脚图

四、实验内容

1. 实验箱的使用

（1）实验前先检查实验箱电源是否正常，实验箱是否完好。

（2）查引脚图，将集成块正确插入实验箱的 IC 插座上（注意引脚数目和集成块缺口标志要对应），分清集成块的输入和输出端及接地、电源端。

（3）按电路图连线，接线前应先检测导线的好坏。

（4）输入端接电平开关 S0～S7（或 K0～K7），输出端接 E0～E7（对应显示灯为 L0～L7）。特别注意 U_{CC} 及地线不能接错，为了便于区别，最好用不同颜色导线区分电源线和地线。

（5）接好连线后，经检查无误方可通电。

（6）实验过程中若需改动接线必须先断开电源，接好连线后再通电实验。

2. 测试门电路的逻辑功能

将门电路 74LS08（与门）、74LS32（或门）、74LS00（与非门）、74LS86（异或门）分别插入实验箱的 IC 插座，对照电路引脚图接线，将电平开关按表 6 - 1～表 6 - 4 的要求输入高、低电平信号，分别测出输出逻辑状态，将验证结果填入表 6 - 1～表 6 - 4 中。

表 6 - 1　　　　与 门 功 能 测 试

与　门	输　入		输　出
	A	B	Y
	0	0	
	0	1	
74LS08	1	0	
	1	1	

表 6 - 2　　　　或 门 功 能 测 试

或　门	输　入		输　出
	A	B	Y
	0	0	
	0	1	
74LS32	1	0	
	1	1	

表 6 - 3	与非门功能测试		
与非门	输　　入		输　出
	A	B	Y
74LS00	0	0	
	0	1	
	1	0	
	1	1	

表 6 - 4	异或门功能测试		
异或门	输　　入		输　出
	A	B	Y
74LS86	0	0	
	0	1	
	1	0	
	1	1	

3. 门电路的逻辑变换

用与非门构成或门，测出其真值表加以验证。用一片二输入四与非门 74LS00 构成或门 $Y=A+B=\overline{\overline{A}\cdot\overline{B}}$，画出逻辑电路图，并在图中标明芯片引脚号；按逻辑图接好连线后，测试输出状态并填入表 6 - 5 中，并与表 6 - 2 中数据进行比较。

表 6 - 5	门 电 路 的 逻 辑 变 换	
74LS00 构成或门		
输　　　入		输　出
A	B	Y
0	0	
0	1	
1	0	
1	1	

五、实验报告

按各步骤完成实验，整理结果并填表，写出逻辑函数表达式。

六、注意事项

（1）注意安全，在电路连接过程中要断电操作，电路连接好经过检查确认无误后再接通电源。

（2）注意门电路芯片插入时的方向，芯片有无断脚，检查无误后方可使用。

实验二　加　法　器

一、实验目的

（1）掌握全加器的电路组成和逻辑功能。

（2）熟悉集成加法器逻辑功能及测试方法。

二、实验主要设备与器件

（1）数字电路实验箱。

（2）74LS86、74LS283、74LS08、74LS32 各一块。

三、实验原理

加法器的逻辑功能是实现两个二进制数的相加，加法器是计算机中最基本的运算单元。

1. 半加器

实现不考虑低位进位的两个 1 位二进制数相加操作的电路称为半加器。

2. 全加器

考虑低位进位的两个 1 位二进制数相加操作的数字电路称为全加器。

如果用 A_i、B_i 表示 A、B 两个数的第 i 位，C_{i-1} 表示低位来的进位，S_i 表示第 i 位的本位和，C_i 向高位的进位，根据全加运算的规则可以列出真值表（见表 6-6）。

表 6-6　全加器真值表

A_i	B_i	C_{i-1}	S_i	C_i
0	0	0	0	0
0	0	1	1	0
0	1	0	1	0
0	1	1	0	1
1	0	0	1	0
1	0	1	0	1
1	1	0	0	1
1	1	1	1	1

由表 6-6 可知，全加器的逻辑表达式为

$$S_i = A_i \oplus B_i \oplus C_{i-1}$$

$$C_i = (A_i \oplus B_i)C_{i-1} + A_i B_i$$

图 6-5 就是实现上述表达式的全加器逻辑图。

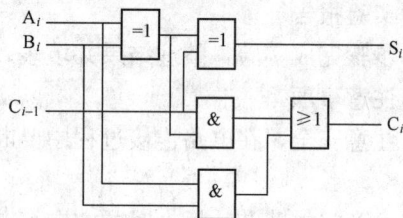

图 6-5　全加器逻辑图

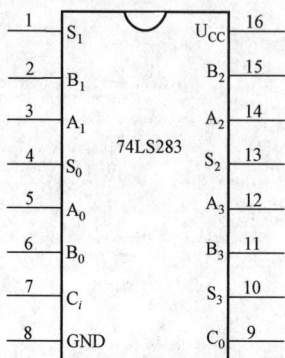

图 6-6　74LS283 引脚图

3. 超前进位加法器 74LS283

根据超前进位概念构成的集成 4 位加法器 74LS283，其引脚图如图 6-6 所示。

四、实验内容

1. 全加器功能验证

将集成块插入面板，按图 6-5 接线。将电平开关按下表要求输入高、低电平信号，分别测出输出逻辑状态并填入表 6-7 中。

2. 集成加法器基本功能验证及应用

（1）将集成块 74LS283 插入面板，正确接线并检查电

路，确保正常后打开电源观察 LED 指示灯，将结果填入表 6-8 中。

表 6-7　　　　　　　　　　　　全 加 器 功 能 验 证

A_i	B_i	C_{i-1}	S_i	C_i	A_i	B_i	C_{i-1}	S_i	C_i
0	0	0			1	0	0		
0	0	1			1	0	1		
0	1	0			1	1	0		
0	1	1			1	1	1		

表 6-8　　　　　　　　　　　集成加法器基本功能验证

输　入			输　出	输　入			输　出
$A_3 A_2 A_1 A_0$	$B_3 B_2 B_1 B_0$	C_i	$C_o S_3 S_2 S_1 S_0$	$A_3 A_2 A_1 A_0$	$B_3 B_2 B_1 B_0$	C_i	$C_o S_3 S_2 S_1 S_0$
1001	0011	0		0111	1011	1	
1001	0011	1		0110	0001	0	
0010	0011	0		0110	0001	1	
0010	0011	1		1110	0001	0	
0111	1011	0		1110	0001	1	

（2）集成加法器实用设计。在验证加法器的基础上，令 B 组数据为固定值 0011，令 A 组值为变化值，观测其相加结果并记录在表 6-9 中，并在实验报告中对其结果进行分析总结。

表 6-9　　　　　　　　　　　　加 法 器 应 用

输　入			输　出	输　入			输　出
$A_3 A_2 A_1 A_0$	$B_3 B_2 B_1 B_0$	C_i	$C_o S_3 S_2 S_1 S_0$	$A_3 A_2 A_1 A_0$	$B_3 B_2 B_1 B_0$	C_i	$C_o S_3 S_2 S_1 S_0$
0000	0011	0		0101	0011	0	
0001	0011	0		0110	0011	0	
0010	0011	0		0111	0011	0	
0011	0011	0		1000	0011	0	
0100	0011	0		1001	0011	0	

五、实验报告

（1）整理实验数据，并对结果进行分析。

（2）若实验数据有误，检查实验线路。

实验三 编 码 器

一、实验目的

(1) 了解编码器的逻辑功能。

(2) 熟悉集成编码器的使用方法。

二、实验主要设备与器件

(1) 数字电路实验箱。

(2) 74LS148 一块。

三、实验原理

在数字系统中，常要将某一信息变换为特定的代码，这就是编码。实现编码功能的逻辑电路称为编码器。

在数字电路中一般采用二进制编码。所谓二进制编码是用一定位数的二进制代码表示十进制数码、字母、符号等有关对象（信号）的过程。一般地说，n 位二进制代码有 2^n 种状态，可以表示 2^n 个信号。所以，对 N 个信号进行编码时，可用式 $2^n \geq N$ 来确定需要使用的二进制代码的位数 n。

优先编码器是当多个输入端同时有信号时，电路只对其中优先级别最高的输入信号进行编码。74LS148 是 8 线—3 线低电平有效优先编码器，其功能表见表 6-10。

表 6-10   **74LS148 优先编码器功能表**

输入									输出				
$\overline{EI}$	$\overline{I_0}$	$\overline{I_1}$	$\overline{I_2}$	$\overline{I_3}$	$\overline{I_4}$	$\overline{I_5}$	$\overline{I_6}$	$\overline{I_7}$	$\overline{Y_2}$	$\overline{Y_1}$	$\overline{Y_0}$	$\overline{GS}$	EO
1	×	×	×	×	×	×	×	×	1	1	1	1	1
0	1	1	1	1	1	1	1	1	1	1	1	1	0
0	×	×	×	×	×	×	×	0	0	0	0	0	1
0	×	×	×	×	×	×	0	1	0	0	1	0	1
0	×	×	×	×	×	0	1	1	0	1	0	0	1
0	×	×	×	×	0	1	1	1	0	1	1	0	1
0	×	×	×	0	1	1	1	1	1	0	0	0	1
0	×	×	0	1	1	1	1	1	1	0	1	0	1
0	×	0	1	1	1	1	1	1	1	1	0	0	1
0	0	1	1	1	1	1	1	1	1	1	1	0	1

四、实验内容

1. 74LS148 功能测试

(1) 根据 74LS148 的引脚图 6-7 连接电路。74LS148 优先编码器集成电路为低电平有效，使能端接固定电平，8 个数据输入端接 0/1 开关或固定电平，输出端 $\overline{Y_2}\,\overline{Y_1}\,\overline{Y_0}$ 通过 LED 指示灯显示。

(2) 拨动 0/1 开关，观察 LED 显示状态，记入表 6-11 中，并与功能表对照，验证

74LS148 功能。

2. 自动方式验证实验

编码器实验可采用实验箱配有调用程序自动运行实验方式，操作步骤如下：

(1) 输入端接实验箱 S0～S7，输出端接 E0～E3。

(2) 置 KC2 于"停止"，置 KC0 于"序号"，选试验序号 7。

(3) 置 KC2 于"运行"，置 KC1 于"单拍"，单拍运行八—三编码器，观察指示灯 LS0～LS7，LR2～LR0，LE2～LE0 的变化。LS7～LS0 代表输入变量，LR2～LR0 为单片机程序显示的正确结果，LE2～LE0 为实验电路所得数据。若 LE2～LE0 与 LR2～LR0 不符，则应停下检查电路。

(4) 单拍运行全部正确后，将 KC2 至于"运行"，KC1 于"连续"，则此时程序自动运行编码器功能。

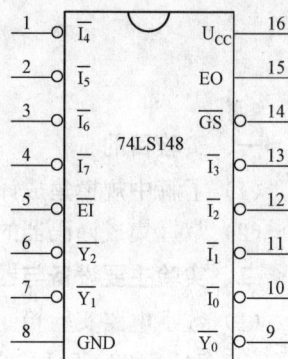

图 6-7　74LS148 引脚图

表 6-11 优先编码器 74LS148 功能验证

74LS148 输入									74LS148 输出				
$\overline{EI}$	$\overline{I_0}$	$\overline{I_1}$	$\overline{I_2}$	$\overline{I_3}$	$\overline{I_4}$	$\overline{I_5}$	$\overline{I_6}$	$\overline{I_7}$	$\overline{Y_2}$	$\overline{Y_1}$	$\overline{Y_0}$	$\overline{GS}$	EO
1	×	×	×	×	×	×	×	×					
0	×	×	×	×	×	×	×	0					
0	×	×	×	×	×	×	0	1					
0	×	×	×	×	×	0	1	1					
0	×	×	×	×	0	1	1	1					
0	×	×	×	0	1	1	1	1					
0	×	×	0	1	1	1	1	1					
0	×	0	1	1	1	1	1	1					
0	0	1	1	1	1	1	1	1					
0	1	1	1	1	1	1	1	1					

五、实验报告

(1) 观察两种接法电路输入控制端和输出控制端的信号。

(2) 记录、整理实验数据，并对结果进行分析。

实验四 译 码 器

一、实验目的

(1) 了解中规模集成译码器的功能与引脚分布。

(2) 掌握集成译码器的使用方法。

二、实验主要设备与器件

(1) 数字电路实验箱。

(2) 74LS138、74LS20 各一块。

三、实验原理

1. 译码器

译码器是一个多输入、多输出的组合逻辑器件，可用于代码的转换、终端数字的显示，数据的分配及组合控制信号等。

译码器可分为：变量译码器（又称二进制译码器），用以表示输入变量的状态，如 3 线—8 线译码器；代码变换译码器，用于一个数据的不同代码之间的相互转换，如 4 线—10 线译码器等；显示译码器，用来将数字或文字、符号的代码译成数字、文字、符号的电路，如 BCD 码—十进制译码器等。

集成 3 线—8 线二进制译码器 74LS138 在数字系统中应用较广，其真值表见表 6 - 12。表中 A_2、A_1、A_0 为地址输入端，$\overline{Y_7} \sim \overline{Y_0}$ 为译码输出端，EN_1、$\overline{EN_{2A}}$、$\overline{EN_{2B}}$ 是使能端。图 6 - 8 所示为 74LS138 引脚图。

表 6 - 12   译码器 74LS138 真值表

输　　入		输　　出
EN_1　$\overline{EN_{2A}}$　$\overline{EN_{2B}}$	$A_2 A_1 A_0$	$\overline{Y_7}\ \overline{Y_6}\ \overline{Y_5}\ \overline{Y_4}\ \overline{Y_3}\ \overline{Y_2}\ \overline{Y_1}\ \overline{Y_0}$
0 × ×	× × ×	11111111
× 1 ×	× × ×	11111111
× × 1	× × ×	11111111
100	000	11111110
	001	11111101
	010	11111011
	011	11110111
	100	11101111
	101	11011111
	110	10111111
	111	01111111

2. 数据分配器

数据分配是将一个数据源来的数据根据需要送到多个不同的通道上去，实现数据分配功能。实现这种功能的逻辑电路称为数据分配器。

数据分配器可以用唯一地址译码器实现。用 3 线—8 线译码器 74LS138 作为数据分配器可以把一个数据信号分配到 8 个不同的通道上去。其逻辑图如图 6 - 9 所示。

四、实验内容

1. 74LS138 功能测试

将 74LS138 输出端 $\overline{Y_7}$～$\overline{Y_0}$ 接 LED 指示灯，地址端 $A_2A_1A_0$ 输入接 0/1 开关，使能端接固定电平（U_{CC} 或地）。

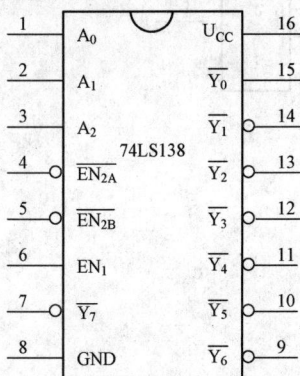

图 6-8 译码器 74LS138 引脚图

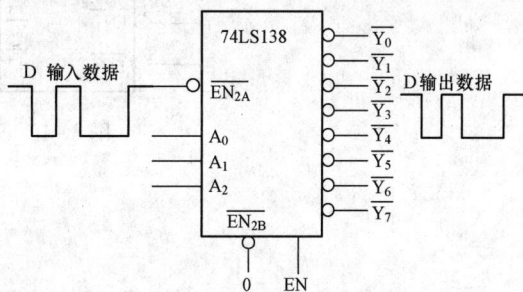

图 6-9 数据分配器逻辑图

EN_1 $\overline{EN_{2A}}$ $\overline{EN_{2B}}$≠100 时，任意拨动 0/1 开关，观察 LED 显示状态，记录观察到的现象，并分析解释。

EN_1 $\overline{EN_{2A}}$ $\overline{EN_{2B}}$＝100 时，按表 6-13 中顺序拨动 0/1 开关，观察 LED 显示状态，记入表 6-13 中，并与功能表对照。

表 6-13   3 线—8 线译码器功能测试表

输　入		输　出	输　入		输　出
EN_1 $\overline{EN_{2A}}$ $\overline{EN_{2B}}$	$A_2A_1A_0$	$\overline{Y_0}$ $\overline{Y_1}$ $\overline{Y_2}$ $\overline{Y_3}$ $\overline{Y_4}$ $\overline{Y_5}$ $\overline{Y_6}$ $\overline{Y_7}$	EN_1 $\overline{EN_{2A}}$ $\overline{EN_{2B}}$	$A_2A_1A_0$	$\overline{Y_0}$ $\overline{Y_1}$ $\overline{Y_2}$ $\overline{Y_3}$ $\overline{Y_4}$ $\overline{Y_5}$ $\overline{Y_6}$ $\overline{Y_7}$
100	000		100	100	
100	001		100	101	
100	010		100	110	
100	011		100	111	

2. 用 74LS138 和门电路实现组合电路

按图 6-10 连接电路，测试电路逻辑功能，列出逻辑函数 F 的真值表。

3. 数据分配器功能验证

按图 6-9 连接电路，74LS138 作数据分配器，输入信号端接功能控制端 $\overline{EN_{2A}}$，地址端仍然为 $A_2A_1A_0$；数据分配器的输出接 LED 指示灯。按照要求完成实验，自行设计表格，将结果填入表中。

五、实验报告

（1）总结实验心得体会。

（2）画出实验线路图并标出集成块引脚号，设计实验表格，填写实验数据。

（3）分析数据分配器与译码器的工作原理，掌握其应用。

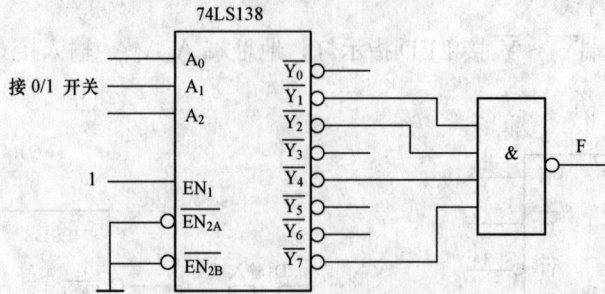

图 6 - 10　逻辑电路图

实验五 显示译码器

一、实验目的

(1) 熟悉数码管的使用。

(2) 了解译码显示器电路的构成原理。

(3) 掌握 BCD—七段译码驱动器的使用方法。

二、实验主要设备与器件

(1) 数字电路实验箱。

(2) 74LS48、LED 数码管各一块。

三、实验原理

1. 七段发光二极管 (LED) 数码管

LED 数码管是目前最常用的数字显示器之一。图 6-11 给出了相关示意图。

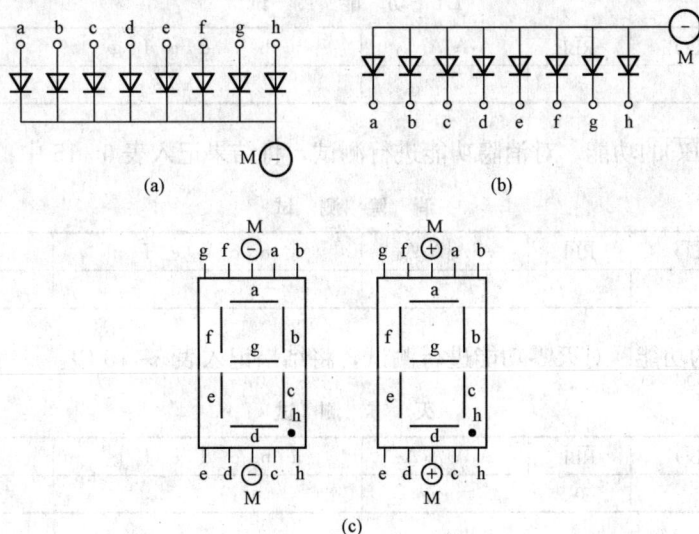

图 6-11 LED 数码管

(a) 共阴连接（高电平驱动）；(b) 共阳连接（低电平驱动）；(c) 图形符号及引脚功能图

  一个 LED 数码管可用来显示一位 0~9 的十进制基数符和一个小数点。小型数码管（0.5 寸和 0.36 寸）每段发光二极管的正向压降，随显示光（通常为红、绿、黄、橙色）的颜色不同略有差别，通常为 2~2.5V；每个发光二极管的点亮电流在 5~10mA。LED 数码管要显示 BCD 码所表示的十进制数字就需要有一个专门的译码器，该译码器不但要完成译码功能，还要有相当的驱动能力。

2. BCD—七段译码驱动器

  本实验采用 BCD—七段译码驱动器 74LS48，驱动共阴极 LED 数码管。图 6-12 所示为 74LS48 引脚图。

四、实验内容

1. 在实验箱上搭出译码显示电路

按照图 6-13 连接电路。

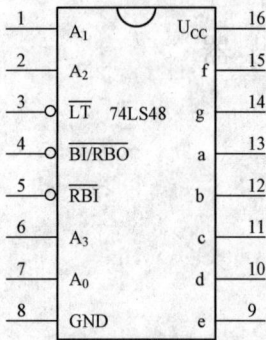

图 6-12　74LS48 引脚图

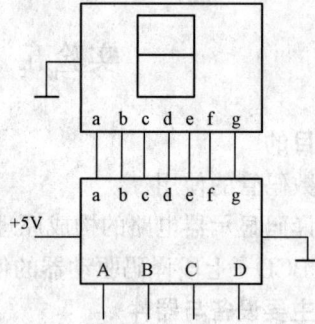

图 6-13　译码显示电路

2. 测试 74LS48 的引脚功能

(1) 测$\overline{LT}$的功能。对$\overline{LT}$功能进行测试，将结果记入表 6-14 中。

表 6-14　　　　　　　　　**$\overline{LT}$ 功 能 测 试**

$\overline{LT}$	$\overline{BI/RBO}$	$\overline{RBI}$	$A_3 A_2 A_1 A_0$	a b c d e f g	显示结果
0					

(2) 测$\overline{BI/RBO}$的功能。对消隐功能进行测试，将结果记入表 6-15 中。

表 6-15　　　　　　　　　**消 隐 测 试**

$\overline{LT}$	$\overline{BI/RBO}$	$\overline{RBI}$	$A_3 A_2 A_1 A_0$	a b c d e f g	显示结果
1	0				

(3) 测$\overline{RBI}$的功能。对灭零功能进行测试，将结果记入表 6-16 中。

表 6-16　　　　　　　　　**灭 零 测 试**

$\overline{LT}$	$\overline{BI/RBO}$	$\overline{RBI}$	$A_3 A_2 A_1 A_0$	a b c d e f g	显示结果
1		0			

3. 数码显示功能测试

将$\overline{LT}$、$\overline{BI/RBO}$都接高电平，改变输入信号的状态，观察记录数码管的显示情况，填入表 6-17 中。

表 6-17　　　　　　　　　　　　**BCD—七段显示译码器真值表**

$\overline{LT}$	$\overline{BI/RBO}$	$\overline{RBI}$	$A_3 A_2 A_1 A_0$	a b c d e f g	显示结果
1	1	1	0000		
1	1	1	0001		
1	1	1	0010		
1	1	1	0011		
1	1	1	0100		
1	1	1	0101		

$\overline{LT}$	$\overline{BI}/\overline{RBO}$	$\overline{RBI}$	$A_3 A_2 A_1 A_0$	a b c d e f g	显示结果
1	1	1	0110		
1	1	1	0111		
1	1	1	1000		
1	1	1	1001		
1	1	1	1010		
1	1	1	1011		
1	1	1	1100		
1	1	1	1101		
1	1	1	1110		
1	1	1	1111		

五、实验报告

(1) 说明 74LS48 控制端信号功能。

(2) 说明数码管引脚与译码器引脚的对应关系。

实验六 数 据 选 择 器

一、实验目的

(1) 学习数据选择器逻辑功能测试方法。

(2) 了解中规模集成数据选择器的功能、引脚排列，掌握其逻辑功能。

(3) 了解数据选择器的扩展方法。

二、实验主要设备与器件

(1) 数字电路实验箱。

(2) 74LS153、74LS151、74LS32、74LS04 各一块。

三、实验原理

1. 数据选择器

数据选择器又称多路转换器或多路开关。其功能是在地址码（选择控制端）电位的控制下，从几个输入数据中选择一个并将其送到一个公共输出端输出。

一个 n 个地址端的数据选择器，具有 2^n 个数据选择功能。

2. 双 4 选 1 数据选择器 74LS153

74LS153 的逻辑表达式为

$$Y = S(\overline{A_1}\,\overline{A_0}D_0 + \overline{A_1}A_0D_1 + A_1\overline{A_0}D_2 + A_1A_0D_3)$$

双 4 选 1 数据选择器就是在一块集成芯片上有两个 4 选 1 数据选择器。$1\overline{S}$、$2\overline{S}$ 为两个独立的使能端；A_1、A_0 为共用的地址输入端；$1D_0 \sim 1D_3$ 和 $2D_0 \sim 2D_3$ 分别为两个 4 选 1 数据选择器的数据输入端；Q_1、Q_2 为两个输出端。74LS153 引脚如图 6 - 14 所示，其功能表见表 6 - 18。

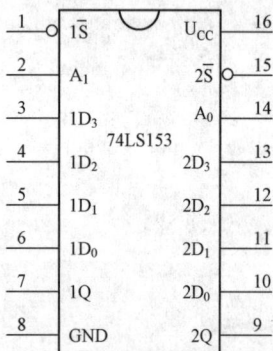

图 6 - 14　74LS153 引脚图

表 6 - 18　74LS153 功能表

输　入			输　出
$\overline{S}$	A_1	A_0	Y
1	×	×	0
0	0	0	D_0
0	0	1	D_1
0	1	0	D_2
0	1	1	D_3

3. 数据选择器 74LS151

集成数据选择器 74LS151 为 8 选 1 数据选择器，其引脚图如图 6 - 15 所示，其功能表见表 6 - 19。

表 6 - 19　　　74LS151 功 能 表

EN	$A_2 A_1 A_0$	D_0	D_1	D_2	D_3	D_4	D_5	D_6	D_7	Y
		输　　　　　入								输出
0	0 0 0	D_0	×	×	×	×	×	×	×	D_0
0	0 0 1	×	D_1	×	×	×	×	×	×	D_1
0	0 1 0	×	×	D_2	×	×	×	×	×	D_2
0	0 1 1	×	×	×	D_3	×	×	×	×	D_3
0	1 0 0	×	×	×	×	D_4	×	×	×	D_4
0	1 0 1	×	×	×	×	×	D_5	×	×	D_5
0	1 1 0	×	×	×	×	×	×	D_6	×	D_6
0	1 1 1	×	×	×	×	×	×	×	D_7	D_7
1	× × ×	D_0	D_1	D_2	D_3	D_4	D_5	D_6	D_7	0

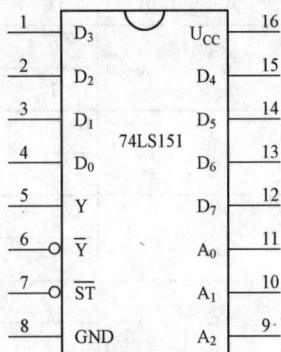

图 6 - 15　74LS151 引脚图

注　3 个地址端 $A_2 A_1 A_0$ 用于选择 8 个数据端 $D_7 \sim D_0$ 中对应的
一个数据，并将该数据传送到输出端 Y。

四、实验内容

1. 测试双 4 选 1 数据选择器的逻辑功能

在实验箱上接线，地址端 A_1、A_0，数据端 $D_0 \sim D_3$，使能端 $\overline{EN}$ 接逻辑开关，输出端 Y
接逻辑 LED 显示器，按 74LS153 功能测试表逐项测试并将结果记录于表 6 - 20 中。

表 6 - 20　　　　　　　　　　数据选择器 74LS153 功能测试

输　　入		输　　出	输　　入		输　　出
A_1	A_0	Y	A_1	A_0	Y
0	0		1	0	
0	1		1	1	

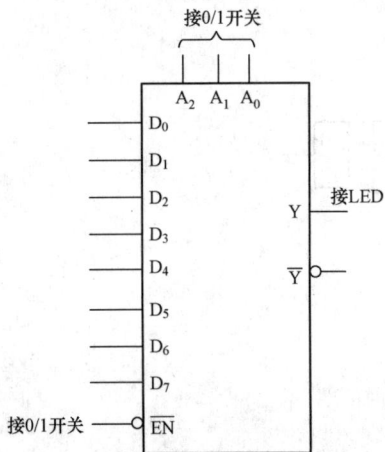

图 6 - 16　数据选择器 74LS151
测试连接图

2. 74LS151 功能测试

按图 6 - 16 连接电路。数据选择器 74LS151 使能端
接固定电平，地址端 $A_2 A_1 A_0$ 接 0/1 开关或接固定电
平，输出 Y 接 LED 指示灯。

按二进制顺序拨动 0/1 开关，观察 LED 显示状态，
记入表 6 - 21 中，并与功能表对照，验证 74LS151
功能。

3. 数据选择器级联实验

用 4 选 1 数据选择器 74LS153 构成 8 选 1 数据选择
器。参照电路图 6 - 17 连接电路，自拟表格记录实验数
据，考察电路功能。

五、实验报告

（1）对比实验内容 1 和 2 结果的异同，注意其

区别。

（2）说明数据选择器扩展时所用门电路的类型。

表 6 - 21　　　　　　　　　　　**数据选择器 74LS151 功能验证**

| A_2 | A_1 | A_0 | 输　　　入 | | | | | | | | 输　　出 |
			D_0	D_1	D_2	D_3	D_4	D_5	D_6	D_7	Y
0	0	0	0								
			1								
0	0	1		0							
				1							
0	1	0			0						
					1						
0	1	1				0					
						1					
1	0	0					0				
							1				
1	0	1						0			
								1			
1	1	0							0		
									1		
1	1	1								0	
										1	

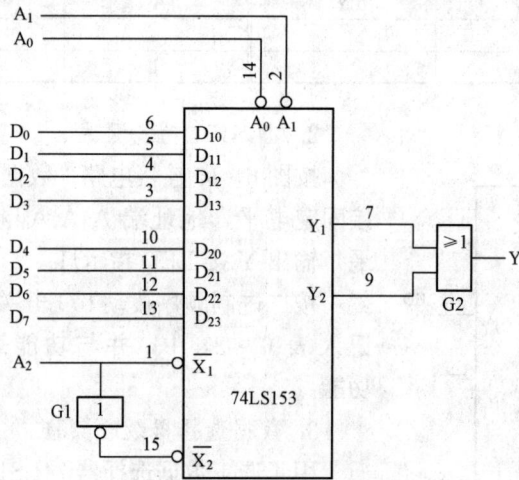

图 6 - 17　数据选择器级联

实验七　组合逻辑电路应用

一、实验目的

(1) 掌握组合逻辑电路的分析方法和设计方法。

(2) 验证组合逻辑电路的逻辑功能。

二、实验主要设备与器件

(1) 数字电路实验箱。

(2) 74LS20、74LS32、74LS138、74LS153 各一块，74LS00 若干块。

三、实验原理

组合逻辑电路的特点是任何时刻的输出信号仅取决于该时刻的输入信号而与电路原来的输出状态无关。

1. 组合逻辑电路的分析流程（见图 6 - 18）

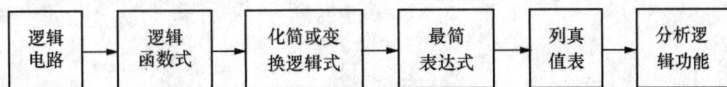

图 6 - 18　组合逻辑电路分析流程

2. 组合逻辑电路的设计步骤

首先根据给定的实际问题进行逻辑抽象，确定输入、输出变量，并进行状态赋值，再根据给定的因果关系，列出逻辑真值表；然后用公式法或卡诺图法化简逻辑函数式，以得到最简表达式；最后根据给定的器件画出逻辑图。

四、实验内容

1. 设计保密锁电路

设计一个保密锁电路，保密锁上有三个键钮 A、B、C。要求当三个键钮同时按下，或 A、B 两个同时按下，或按下 A、B 中的任一键钮时，锁就能被打开；而当不符合上列组合状态时（A、B、C 都不按时除外），将使电铃发出报警响声。试设计此电路，列出真值表，写出逻辑函数式，画出实验电路（用最少的与非门实现）。

（注：取 A、B、C 三个键钮状态为输入变量，开锁信号和报警信号为输出变量，分别用 F1、F2 表示。设键钮按下时为"1"，不按时为"0"；报警时为"1"，不报警时为"0"；A、B、C 都不按时，应不开锁也不报警。）

2. 用 74LS138 实现三人表决电路

(1) 利用 3 线—8 线译码器实现 3 输入多数表决电路。要求 3 个输入 A、B、C 中有 2 个或 3 个为"1"时，输出 Y 为高电平，否则 Y 为低电平。

(2) 根据 3 输入多数表决器的要求，可以有两种方案来实现：

1) 采用"或"门来实现。从 3 线—8 线译码器输出逻辑关系式可以得到表决电路的输出为

$$Y = Y_3 + Y_5 + Y_6 + Y_7$$

2) 采用"与非"门来实现。从 3 线—8 线译码器输出逻辑关系式可以得到表决电路的输出为

$$Y = \overline{\overline{Y_3}\ \overline{Y_5}\ \overline{Y_6}\ \overline{Y_7}}$$

3. 用 74LS153 构成全加器

全加器和数 S 及向高位进位数 C_n 的逻辑方程为

$$S_n = A\overline{B}\ \overline{C_{n-1}} + \overline{A}\ \overline{B}\ C_{n-1} + \overline{A}B\ \overline{C_{n-1}} + ABC_{n-1}$$

$$C_n = AB + AC_{n-1} + BC_{n-1}$$

设计用 74LS153 实现全加器的接线图，按图连接电路，测试全加器的逻辑输出并记录。

五、实验报告

（1）选择设计题目，画出实验用电路图和记录表格，计算理论值并实验验证。注意：实验中电路注明引脚号码。

（2）总结组合电路的设计方法。

实验八　触发器逻辑功能研究

一、实验目的

(1) 熟悉基本 RS 触发器、D 触发器、JK 触发器逻辑功能。

(2) 掌握触发器的测试方法。

(3) 学会正确使用集成触发器。

二、实验主要设备与器件

(1) 数字电路实验箱。

(2) 74LS00、74LS74、74LS112 各一块。

三、实验原理

触发器是具有记忆功能、能存储数字信息的最常用的一种基本单元电路，是构成时序逻辑电路的基本逻辑部件。根据电路结构和功能的不同，触发器有基本 RS 触发器、D 触发器、JK 触发器、T 触发器、T′触发器等类型。

1. 基本 RS 触发器

图 6-19 所示为由两个与非门交叉耦合而成的基本 RS 触发器。它是无时钟控制低电平直接触发的触发器，有直接置位、复位的功能，是组成各种功能触发器的最基本单元。基本 RS 触发器也可以用两个或非门组成，它是高电平直接触发的触发器。

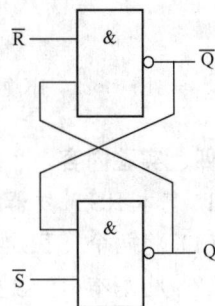

2. D 触发器

D 触发器是另一种使用广泛的触发器，其基本结构多为维阻型。D 触发器的逻辑符号如图 6-20 所示。D 触发器是在 CP 脉冲上升沿触发翻转，触发器的状态取决于 CP 脉冲到来之前 D 端的状态，其状态方程为

图 6-19　基本 RS 触发器

$$Q^{n+1} = D$$

D 触发器是上升边沿触发的边沿触发器。D 触发器 74LS74 的引脚图见图 6-21。

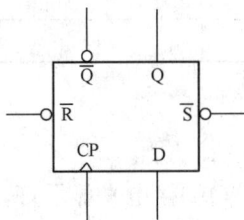

图 6-20　D触发器逻辑符号　　　　图 6-21　D触发器 74LS74 引脚图

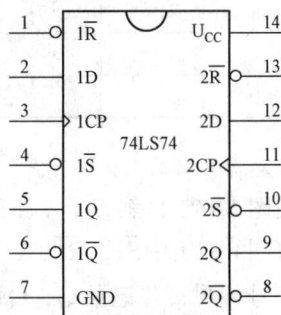

3. JK 触发器

JK 触发器是一种逻辑功能完备、通用性强的集成触发器。在结构上它可分为主从型 JK 触发器和边沿型 JK 触发器。实际中应用较多的是下降边沿触发的边沿型 JK 触发器。JK 触

发器的逻辑符号如图 6-22 所示。它有三种不同功能的输入端，第一种是直接置位、复位输入端，用 $\bar{R}$ 和 $\bar{S}$ 表示；第二种是时钟脉冲输入端，用来控制触发器翻转（或称作状态更新），用 CP 表示；第三种是数据输入端，它是触发器状态更新的依据，用 J、K 表示。

JK 触发器的状态方程为

$$Q^{n+1} = J\,\overline{Q^n} + \bar{K}Q^n$$

双下降沿触发 JK 触发器 74LS112 的引脚图见图 6-23。

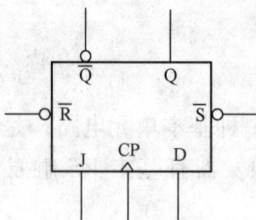

图 6-22　JK 触发器逻辑符号

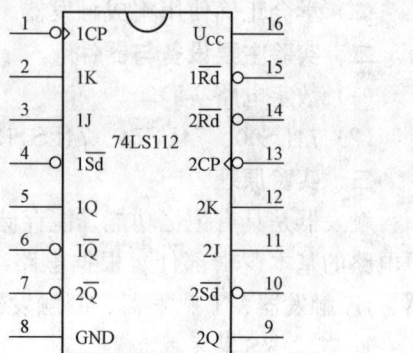

图 6-23　双下降沿 JK 触发器
74LS112 的引脚图

四、实验内容

1. 基本 RS 触发器功能测试

(1) 将两个 TTL 与非门首尾相连构成基本 RS 触发器。

(2) 将基本 RS 触发器的 $\bar{S}$、$\bar{R}$ 端接电平开关，Q、$\bar{Q}$ 端接电平显示灯，按表 6-22 顺序在 $\bar{S}$、$\bar{R}$ 端加信号，观察并记录 Q、$\bar{Q}$ 端状态填入表中，并说明其逻辑功能。

(3) 当 $\bar{S}$、$\bar{R}$ 都接低电平时，观察 Q、$\bar{Q}$ 端的状态。当 $\bar{S}$、$\bar{R}$ 同时由低电平跳为高电平时，注意观察 Q、$\bar{Q}$ 端，重复 3～5 次，观察 Q、$\bar{Q}$ 端的状态是否保持一致，以正确理解"不定"状态含义。

表 6-22　基本 RS 触发器逻辑功能

$\bar{S}$	$\bar{R}$	Q^{n+1}	$\overline{Q^{n+1}}$	逻辑功能	$\bar{S}$	$\bar{R}$	Q^{n+1}	$\overline{Q^{n+1}}$	逻辑功能
1	1				0	1			
1	0				0	0			

2. D 触发器功能测试

(1) 按图 6-21 D 触发器 74LS74 引脚图正确接线，验证其功能。

(2) 将图 6-21 中 $\bar{S}_D$、$\bar{R}_D$、D、CP 端接电平开关，Q、$\bar{Q}$ 端接电平显示灯，按表 6-23 顺序输入信号，观察并记录 Q、$\bar{Q}$ 端状态填入表 6-23 中，并说明其逻辑功能。

表 6-23　D 触发器逻辑功能

$\bar{S}_D$	$\bar{R}_D$	CP	D	Q^n	Q^{n+1}	逻辑功能
0	1	$\times$	$\times$	$\times$		
1	0	$\times$	$\times$	$\times$		

续表

$\overline{S_D}$	$\overline{R_D}$	CP	D	Q^n	Q^{n+1}	逻辑功能
1	1	↑ (0→1)	0	0		
				1		
			1	0		
				1		

3.JK 触发器功能测试

按图 6-22 所示的双下降沿触发 JK 触发器 74LS112 引脚图，将 $\overline{S_D}$、$\overline{R_D}$、J、K、CP 端接电平开关，Q、$\overline{Q}$ 端接电平显示灯。按表 6-24 顺序输入信号，观察并记录 Q、$\overline{Q}$ 端状态填入表 6-24 中，并说明其逻辑功能。

表 6-24   JK 触发器逻辑功能

$\overline{S_D}$	$\overline{R_D}$	CP	J	K	Q^n	Q^{n+1}	$\overline{Q^{n+1}}$	逻辑功能
0	1	×	×	×	×			
1	0	×	×	×	×			
1	1	↓ (1→0)	0	0	0			
					1			
1	1	↓ (1→0)	0	1	0			
					1			
1	1	↓ (1→0)	1	0	0			
					1			
1	1	↓ (1→0)	1	1	0			
					1			

五、实验报告

(1) 画出实验线路图，标出集成块引脚号，填写实验数据记录表。

(2) 写出各触发器特性方程，总结各类触发器的特点。

实验九　触发器类型转换

一、实验目的

(1) 掌握不同触发器间相互转换的方法。

(2) 掌握用 D 触发器构成其他类型触发器及其测试方法。

(3) 掌握用 JK 触发器构成其他类型触发器及其测试方法。

二、实验主要设备与器件

(1) 数字电路实验箱。

(2) 双踪示波器。

(3) 74LS74、74LS112、74LS00 各一块。

三、实验原理

在集成触发器的产品中，每一种触发器都有固定的逻辑功能，但利用转换的方法可以用一种触发器得到其他功能的触发器。常见的触发器类型及其逻辑功能见表 6-25。

表 6-25　　　　　　　　　常见触发器类型及逻辑功能

触发器类型	RS 触发器	JK 触发器	D 触发器	T 触发器
逻辑符号				
特性表	$\begin{array}{cc\|c} S & R & Q^{n+1} \\ \hline 0 & 0 & Q^n \\ 0 & 1 & 0 \\ 1 & 0 & 1 \\ 1 & 1 & 不定 \end{array}$	$\begin{array}{cc\|c} J & K & Q^{n+1} \\ \hline 0 & 0 & Q^n \\ 0 & 1 & 0 \\ 1 & 0 & 1 \\ 1 & 1 & Q^n \end{array}$	$\begin{array}{cc\|c} D & Q^n & Q^{n+1} \\ \hline 0 & 0 & 0 \\ 0 & 1 & 0 \\ 1 & 0 & 1 \\ 1 & 1 & 1 \end{array}$	$\begin{array}{cc\|c} T & Q^n & Q^{n+1} \\ \hline 0 & 0 & 0 \\ 0 & 1 & 1 \\ 1 & 0 & 1 \\ 1 & 1 & 0 \end{array}$
特性方程	$Q^{n+1}=S+\overline{R}Q^n$ $SR=0$	$Q^{n+1}=J\overline{Q}^n+\overline{K}Q^n$	$Q^{n+1}=D$	$Q^{n+1}=T\oplus Q^n$
特　点	(1) 信号双端输入 (2) 具有置0、置1、保持功能 (3) S和R有约束条件，SR=0	(1) 信号双端输入 (2) 具有置0、置1、保持、翻转功能	(1) 信号单端输入 (2) 具有置0、置1 功能	(1) 信号单端输入 (2) 具有保持、翻转功能

不同类型的触发器对时钟信号和数据信号的要求各不相同，一般说来边沿触发器要求数据信号超前于触发边沿一段时间出现（称之为建立时间），并且要求在边沿到后来一继续维持一段时间（称之为保持时间），此外对于触发边沿陡度也有一定要求（通常要求小于100ns）。主从触发器对上述时间参数要求不高，但要求在 CP＝1 期间，外加的数据信号不容许发生变化，否则将导致触发输出错误。

集成触发器的主要产品有 D 触发器和 JK 触发器，其他功能的触发器可由 D、JK 触发器进行转换。将 D 触发器的 D 端连到其输出端 Q，就构成 T′ 触发器。将 JK 触发器的 J、K 端连在一起输入信号，就构成 T 触发器；J、K 端连在一起输入高电平（或悬空），就构成

T′触发器。值得注意的是，转换后的触发器其触发方式仍不变。

四、实验内容

1. D 触发器转换成其他类型触发器

（1）将 D 触发器转换成 T′触发器，列出表达式，画出实验电路图。

（2）令 $\overline{S_D}=\overline{R_D}=1$，在 CP 端输入连续脉冲（$f=1\text{kHz}$），用示波器同时观察并记录 Q 及 CP 端波形，比较两者关系。

2. JK 触发器转换成其他类型触发器

（1）将 JK 触发器转换成 T′触发器，列出表达式，画出这两个实验电路图。

（2）令 $\overline{S_D}=\overline{R_D}=1$，在 CP 端输入连续脉冲（$f=1\text{kHz}$），用示波器同时观察并记录 Q 及 CP 端波形，比较两者关系。

五、实验报告

（1）画出各实验线路图（标出集成块引脚号）及实验数据记录表，写出各触发器特性方程。

（2）总结各类触发器的特点。

实验十　异步时序逻辑电路研究

一、实验目的

（1）掌握时序电路的分析和测试方法。

（2）掌握触发器组成的异步时序电路的逻辑功能测试方法。

二、实验主要设备与器件

（1）数字电路实验箱。

（2）双踪示波器。

（3）74LS112、74LS74 各两块。

三、实验原理

时序逻辑电路的特点是：任一时刻的输出信号不仅取决于该时刻电路的输入信号，而且还与原输出状态有关（即还与以前的输入信号有关）。

异步时序电路中每次状态转换时，不是所有的触发器都有时钟信号，触发器也不是同时动作的，而状态方程所表示的逻辑关系只有 CP 信号到达时才成立，所以在异步时序电路中必须把时钟信号 CP 也作为一个变量写入特性方程。

四、实验内容

1. 测试时序电路的逻辑功能

（1）用两片 74LS112 组成图 6‐24 所示电路。其中，J、K 端接高电平。

（2）将图 6‐24 中 CP 端输入连续脉冲（$f=1\text{kHz}$），用双踪示波器同时观测并在图 6‐25 中记录 CP 与 Q_2、Q_1、Q_0 的波形，分析其逻辑功能。

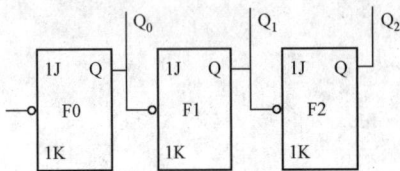

图 6‐24　触发器组成的异步时序电路

图 6‐25　异步时序电路波形图

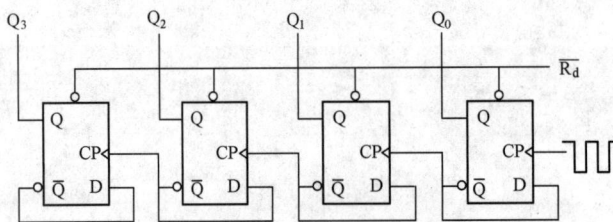

图 6‐26　4 位二进制异步加法计数器

2. 用 D 触发器构成 4 位二进制异步加法计数器

图 6‐26 所示为由四个 D 触发器构成的 4 位二进制异步加法计数器。其特点是将每个 D 触发器接成 T' 触发器，再由低位触发器的 $\overline{Q}$ 端和高一位的 CP 端相连接。输入脉冲 CP，观察计数状态，画出状态转换图，分别将各输出的波形图绘在图 6‐27 中。

五、实验报告

（1）画出测试电路（标出集成块引脚号）和实验波形，自拟数据表，分析测试结果。

（2）总结异步时序电路的特点。

（3）讨论实验中遇到的问题及解决方法。

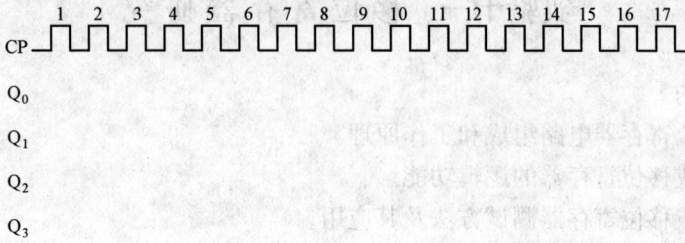

CP

Q$_0$

Q$_1$

Q$_2$

Q$_3$

图 6-27　4 位二进制异步加法计数器波形图

实验十一 移位寄存器研究

一、实验目的

（1）掌握移位寄存器电路组成和工作原理。

（2）掌握集成移位寄存器的逻辑功能。

（3）掌握集成移位寄存器测试方法及其应用。

二、实验主要设备与器件

（1）数字电路实验箱。

（2）双踪示波器。

（3）74LS194一块。

三、实验原理

移位寄存器是一个具有移位功能的寄存器，寄存器中所存的代码能够在移位脉冲的作用下依次左移或右移。既能左移又能右移的称为双向移位寄存器，改变其左、右移的控制信号便可实现双向移位。根据存取信息的方式不同移位寄存器分为串入串出、串入并出、并入串出、并入并出四种形式。

74LS194是4位双向移位寄存器，其引脚图如图6-28所示。

74LS194具有下述功能：

（1）异步清零。$\overline{CR}=0$，$Q_3 Q_2 Q_1 Q_0 = 0000$。

（2）并行置数寄存。$\overline{CR}=1$，$S_1 = S_0 = 1$，CP↑时刻 $Q_3 Q_2 Q_1 Q_0 = D_3 D_2 D_1 D_0$。

（3）保持。$\overline{CR}=1$，$S_1 = S_0 = 0$，$Q_3 Q_2 Q_1 Q_0$ 保持原态。

（4）右移。$\overline{CR}=1$，$S_1 = 0$，$S_0 = 1$，CP↑时刻 $Q_3 Q_2 Q_1 Q_0$ 的状态由 Q_0 向 Q_3 移位。

（5）左移。$\overline{CR}=1$，$S_1 = 1$，$S_0 = 0$，CP↑时刻 $Q_3 Q_2 Q_1 Q_0$

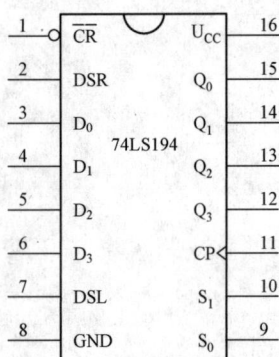

图 6-28 4 位双向移位寄存器 74LS194 引脚图

的状态由 Q_3 向 Q_0 移位。

移位寄存器用途很广，可构成脉冲序列发生器、计数器、串行/并行转换器、并行/串行转换器等。

四、实验内容

1. 测试 74LS194 的使能功能

将 74LS194 插入实验箱，按其引脚图将 8 脚接地，16 脚接＋5V 电源，12、13、14、15脚（即输出端 Q_3、Q_2、Q_1、Q_0）接 LED 发光二极管，9、10、1 脚（即控制端 $\overline{CR}$、S_1、S_0）分别接电平开关，11 脚 CP 端接单次脉冲，3、4、5、6 脚（即数据输入端 D_3、D_2、D_1、D_0）接电平开关。

（1）清零。按复位开关 K 使 $\overline{CR}=0$，这时无论其他端口如何改变，Q_3、Q_2、Q_1、Q_0 接的 4 只 LED 发光二极管全灭，即 $Q_3 Q_2 Q_1 Q_0 = 0000$。

（2）保持。使 $\overline{CR}=1$、CP=0 状态，无论其他端口如何改变，输出状态保持不变；或者使$\overline{CR}$=1，S_1=S_0=0，改变其他端口状态，输出状态仍保持不变。

（3）置数。使$\overline{CR}$=1、S_1=S_0=1，数据输入端 D_3、D_2、D_1、D_0 输入 0101，按动单次脉冲，这时数据 0101 已存入 $Q_3Q_2Q_1Q_0$。将 $Q_3 \sim Q_0$ 状态填入表 6-26 中，并说明功能。

表 6-26　　　　　　　　　　74LS194 使能端功能测试表

输　　　入								输　　出				功　能
$\overline{CR}$	S_1	S_0	CP	D_0	D_1	D_2	D_3	Q_0	Q_1	Q_2	Q_3	
0	×	×	×	×	×	×	×					清零
1	1	1	↑	1	0	0	1					置数
1	0	0	×	×	×	×	×					保持

2. 测试 74LS194 的逻辑功能

将$\overline{CR}$、S_1、S_0、D_{SR}、D_{SL}端接电平开关，CP 接单脉冲，Q_3、Q_2、Q_1、Q_0 端接电平显示灯，$\overline{CR}$先"0"后"1"。接线完毕，检查无误后，接通电源，验证双向移位寄存器 74LS194 的功能。按表 6-27 和表 6-28 的要求观测并记录 $Q_3 \sim Q_0$ 状态。

表 6-27　　　右移功能测试表

右　移	串　入	输　出
S_1=0，S_0=1	D_{SR}	$Q_0 Q_1 Q_2 Q_3$
CP ↑		
1	1	
2	1	
3	0	
4	1	
5	1	

表 6-28　　　左移功能测试表

左　移	串　入	输　出
S_1=1，S_0=0	D_{SR}	$Q_0 Q_1 Q_2 Q_3$
CP ↑		
1	1	
2	1	
3	0	
4	1	
5	1	

五、实验报告

（1）画出测试电路（标出集成块引脚号）和实验波形，处理数据，分析结果。

（2）总结移位寄存器 74LS194 的逻辑功能。

实验十二 计 数 器 及 其 应 用

一、实验目的
(1) 掌握集成计数器的逻辑功能测试方法及其应用。
(2) 运用集成计数器构成任意进制计数器。

二、实验主要设备与器件
(1) 数字电路实验箱。
(2) 双踪示波器。
(3) 74LS161、74LS00 各一块。

三、实验原理
1. 计数器
计数是一种最简单基本的运算。计数器是一个用以实现计数功能的时序逻辑部件。

计数器在数字系统中主要是对脉冲的个数进行计数，以实现测量、计数和分频等功能，常用作数字系统的定时、分频和执行数字运算以及其他特定的逻辑功能。

计数器是由基本的计数单元和一些控制门所组成，计数单元则由一系列具有存储功能的各类触发器构成。

按计数进制不同，计数器可分为二进制计数器、十进制计数器、十六进制计数器和其他进制计数器；若按计数单元中各触发器接收计数脉冲的触发方法不同，可分为异步计数器和同步计数器两大类；若按计数单元中各触发器的翻转顺序划分，可分为加法计数器、减法计数器、加/减计数器等；如按预置和清除方式来分，则有并行预置、直接预置、异步清除和同步清除等计数器；按权码来分，则有 8421 码、5421 码、余 3 码等计数器。

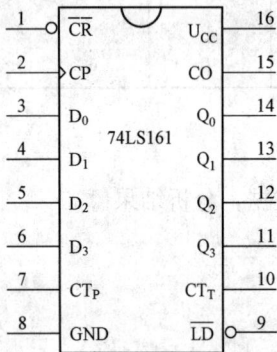

2. 中规模集成计数器
74LS161 是 4 位二进制可预置同步计数器，由于它采用 4 个主从 JK 触发器作为记忆单元，故又称为 4 位二进制同步计数器。

图 6 - 29 所示为 74LS161 的引脚图。其引脚符号说明如下：

CP：时钟脉冲。

$\overline{CR}$：异步置零（复位）端。

$\overline{LD}$：预置数控制端。

CT_T、CT_P：工作状态控制端。计数状态应为高电平。

D、C、B、A：数据输入端。

图 6 - 29 74LS161 引脚图

Q_3、Q_2、Q_1、Q_0：输出端。

CO：进位输出端。

3. 设计 N 进制计数器
利用集成计数器芯片可方便地构成任意（N）进制计数器。通常实验是利用模数大的计数器设计模数小的计数器。

(1) 反馈归零法。利用计数器清零端的清零作用，截取计数过程中的某一个中间状态控制清零端，使计数器由此状态返回到零重新开始计数。图 6 - 30 所示即为用 74LS161 反馈归零法实现十进制计数器（注意：$\overline{CR}$为74LS161异步复位端）。

（2）反馈置数法。利用具有置数功能的计数器，截取从N_b到N_a之间的N个有效状态构成N进制计数器。其方法是当计数器的状态循环到N_a时，由N_a构成的反馈信号提供置数指令，由于事先将并行置数数据输入端置成了N_b的状态，所以置数指令到来时，计数器输出端被置成N_b，再来计数脉冲，计数器在N_b基础上继续计数直至N_a，又进行新一轮置数、计数。图6-31所示即为用74LS161反馈置数法实现七进制计数器（注意：$\overline{LD}$为74LS161同步置数端）。

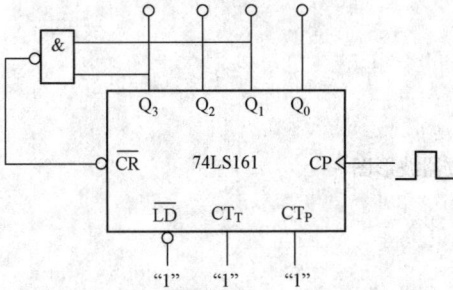

图6-30　反馈归零法实现十进制计数器　　　　图6-31　反馈置数法实现七进制计数器

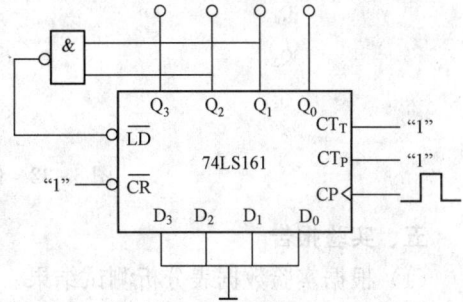

四、实验内容

1. 测试集成计数器74LS161的逻辑功能

（1）按74LS161引脚图将$\overline{CR}$、$\overline{LD}$、A、B、C、D端接电平开关，Q_3、Q_2、Q_1、Q_0端接电平显示灯。按照表6-29中要求测试并将结果填入表6-29中，同时说明计数器逻辑功能。

表6-29　　　　　　　　　　**计数器74LS161逻辑功能测试表**

输　入						CP	输　出				逻辑功能
$\overline{CR}$	$\overline{LD}$	D_3	D_2	D_1	D_0		Q_0	Q_3	Q_2	Q_1	
0	×	×	×	×	×	×					
1	0	1	0	1	0	↑					
1	1	×	×	×	×	×					

（2）将$\overline{CR}=1$、$\overline{LD}=1$，Q_3、Q_2、Q_1、Q_0端接电平显示灯，CP输入连续脉冲（$f=1Hz$），观察数码管数字的变化，同时记录$Q_3 \sim Q_0$状态填入表6-30中。

表6-30　　　　　　　　　　**计数器逻辑功能测试表**

时钟脉冲	输　出				时钟脉冲	输　出			
CP	Q_3	Q_2	Q_1	Q_0	CP	Q_3	Q_2	Q_1	Q_0
0	0	0	0	0	8				
1					9				
2					10				
3					11				
4					12				
5					13				
6					14				
7					15				

2. 设计任意进制计数器

在 74LS161 基础上，分别采用反馈归零法和反馈置数法设计任意进制计数器。CP 端输入连续脉冲（$f=1\text{kHz}$），用双踪示波器同时观测并记录 CP 和各输出端的波形，比较其频率，将输出波形图绘在图 6-32 中。

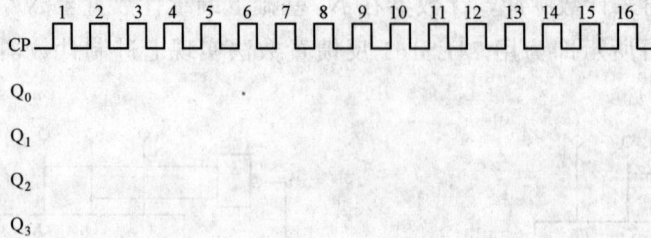

图 6-32 任意进制计数器波形图

五、实验报告

(1) 根据实验数据表分析测试结果。

(2) 说明构成任意进制计数器的两种方法。

(3) 画出十二进制计数器的状态转换表和状态转换图。

实验十三 555 定时器的应用

一、实验目的

(1) 熟悉 555 定时器的电路结构、工作原理和功能。

(2) 掌握用 555 定时器构成多谐振荡器、单稳态触发器、施密特触发器的方法。

二、实验主要设备与器件

(1) 数字电路实验箱。

(2) 双踪示波器。

(3) NE555 定时器，5.1、20、33kΩ 电阻，0.01、0.1μF 电容。

三、实验原理

1. 555 电路介绍

555 电路是一种数字和模拟混合型的中规模集成电路，它能产生时间延迟和多种脉冲信号，应用十分广泛。集成定时器电路习惯上称为 555 电路，这是因为内部参考电压使用了三个 5kΩ 的电阻分压，故取此名。

555 定时器的电路结构和引脚排列如图 6-33 所示。

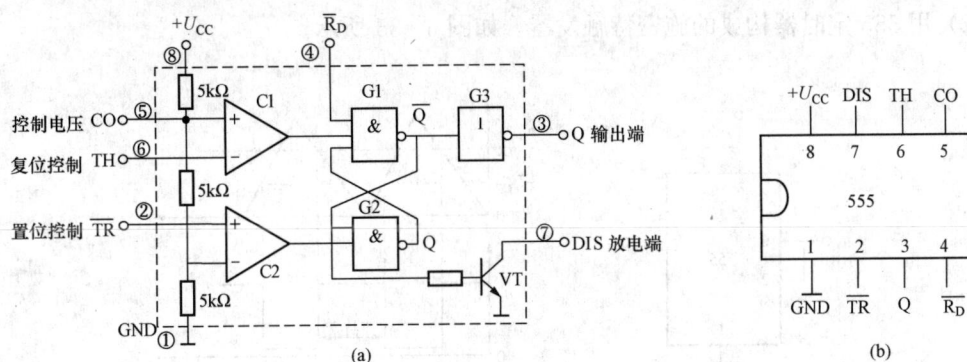

图 6-33 555 定时器的电路结构和引脚图
(a) 电路结构；(b) 引脚图

图 6-33（b）中，VT 为放电管，当 VT 导通时，将给接于 7 脚的电容提供放电通路。

555 定时器主要是通过外接电阻 R 和电容 C 构成充放电电路，并由两个比较器来检测电容器上的电压，以确定输出电平的高低和放电开关管的通断。这就很方便地构成从微秒到数十分钟的延时电路及多谐振荡器、单稳态触发器、施密特触发器等脉冲波形产生和整形电路。

2. 555 电路应用

(1) 555 定时器构成多谐振荡器。用 555 定时器构成多谐振荡器电路如图 6-34（a）所示。该电路没有稳态，只有两个暂稳态，也不需要外加触发信号，其输出电压波形如图 6-34（b）所示。

输出信号 u_o 的脉宽 t_{w1}、t_{w2} 和周期 T 的计算公式为

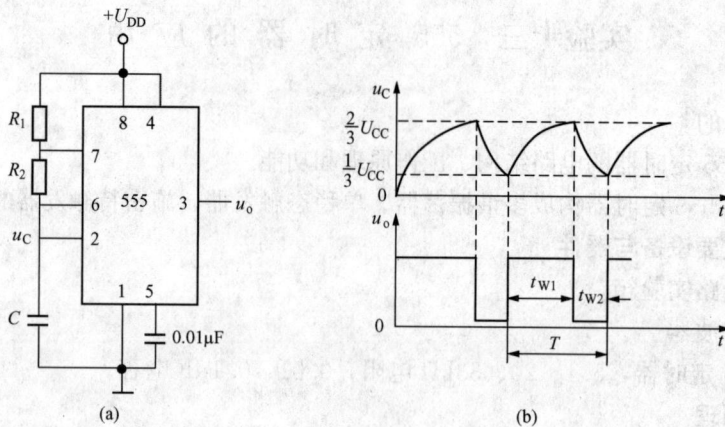

图 6-34　555 定时器构成多谐振荡器电路

(a) 多谐振荡器电路；(b) 输出电压波形图

$$t_{W1} = 0.7(R_1 + R_2)C$$

$$t_{W2} = 0.7R_2C$$

$$T = t_{W1} + t_{W2} = 0.7(R_1 + 2R_2)C$$

(2) 用 555 定时器构成的施密特触发器，如图 6-35 所示。

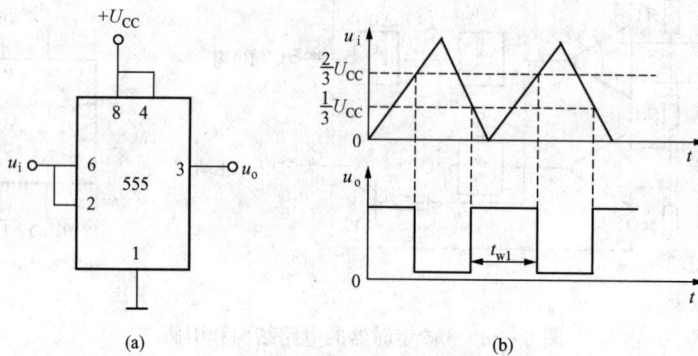

图 6-35　用 555 定时器构成的施密特触发器

(a) 施密特触发器电路；(b) 输出电压波形图

用 555 定时器构成的施密特触发器如图 6-35 (a) 所示。该电路的输出电压波形如图 6-35 (b) 所示。回差电压 $\Delta U = U_{T+} - U_{T-} = \frac{2}{3}U_{CC} - \frac{1}{3}U_{CC} = \frac{1}{3}U_{CC}$。

(3) 555 定时器构成单稳态触发器。用 555 定时器构成单稳态触发器电路如图 6-36 (a) 所示。其输出电压波形如图 6-36 (b) 所示。

输出脉宽 t_{W1} 是暂稳态的持续时间，$t_{W1} = 1.1RC$。此电路要求输入信号的负脉冲宽度一定要小于 t_{W1}。

四、实验内容

1. 用 555 定时器构成多谐振荡器

将 555 定时器接成图 6-37 所示电路，用示波器同时观察并记录 u_C (6 脚)、u_o (3 脚) 的波形，测试出 u_o 的幅值 U_{om}、周期 T 和脉宽 t_{W1}、t_{W2}。

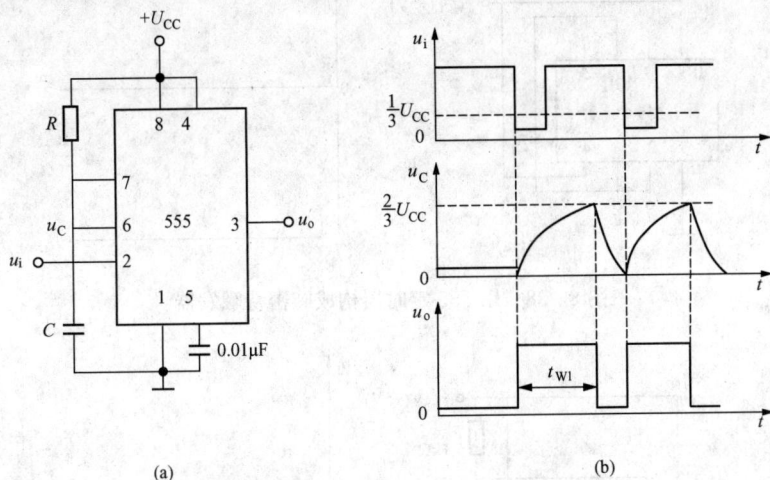

图 6-36 用 555 定时器构成单稳态触发器

（a）单稳态触发器电路；（b）输出电压波形图

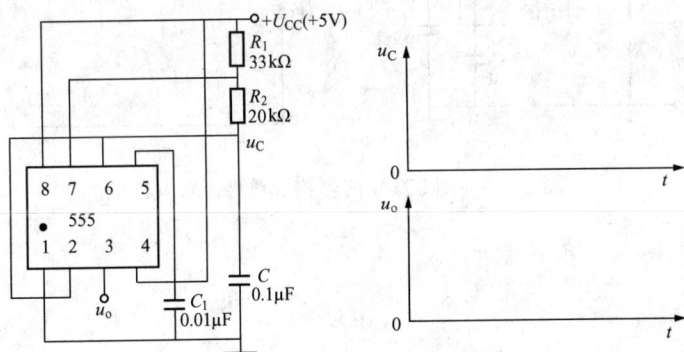

图 6-37 用 555 定时器构成多谐振荡器

2. 用 555 定时器构成施密特触发器

将 555 定时器接成图 6-38 所示电路，在其 2 脚上加输入信号 u_i（u_i 为 0～5V 变化、$f = 1\text{kHz}$ 的三角波），用示波器同时观察并记录 u_i（2 脚）、u_o（3 脚）的波形，测出 u_o 的幅值 U_{om}、回差电压 $\Delta U_H = U_{T+} - U_{T-}$、周期 T 和脉宽 t_{W1}、t_{W2}。

3. 用 555 定时器构成单稳态触发器

将 555 定时器接成图 6-39 所示电路，在其 2 脚上加输入信号 u_i（u_i 为 0～5V 变化、$f = 1\text{kHz}$ 的矩形波），用示波器观察并记录 u_i（2 脚）、u_o（3 脚）、u_C（6 或 7 脚）的波形，并测出 u_o 的幅值 U_{om} 和脉宽 t_{W1}。

五、实验报告

（1）画出各电路接线图和所观察的波形。

（2）整理测量数据，将理论估算值与实际测量值进行比较分析。

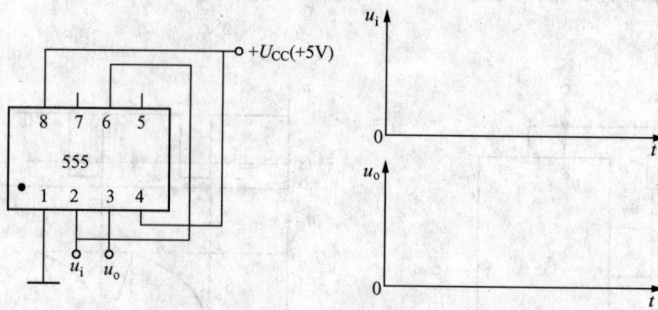

图 6 - 38　用 555 定时器构成施密特触发器

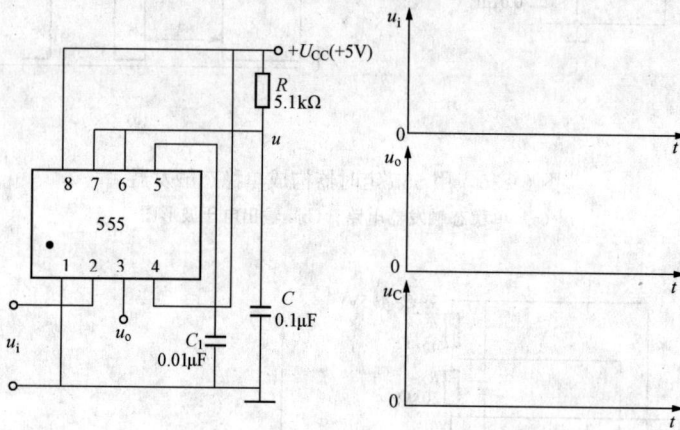

图 6 - 39　用 555 定时器构成单稳态触发器

实验十四 A/D 转换器

一、实验目的

(1) 了解 A/D 转换器的基本结构和工作原理。

(2) 掌握集成 A/D 转换器的功能及其应用。

二、实验主要设备与器件

(1) 数字电路实验箱。

(2) 数字万用表。

(3) A/D 转换器 ADC0809。

三、实验原理

在电子技术应用中，经常需要把数字信号转换为模拟信号，或者把模拟信号转换为数字信号。模拟信号到数字信号的转换称为模数转换，简称 A/D 转换。能实现 A/D 转换的电路称为 A/D 转换器或 ADC。ADC0809 是单片 8 位 8 通道逐次渐近型 A/D 转换器，其逻辑电路框图如图 6-40 所示，其引脚排列如图 6-41 所示。

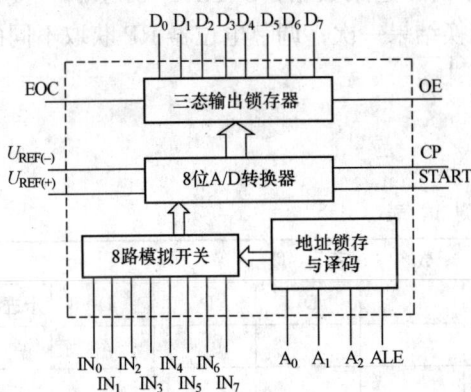

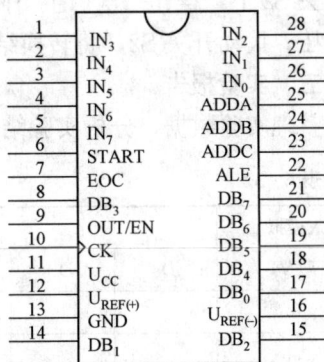

图 6-40 ADC0809 逻辑电路框图   图 6-41 ADC0809 引脚图

根据 $A_2A_1A_0$ 的地址编码选通 8 路模拟信号 $IN_0 \sim IN_7$ 中的任何一路进行 A/D 转换，地址译码与模拟输入通道的选通关系见表 6-31。

表 6-31 地址译码与模拟输入通道的选通关系

模拟通道		IN_0	IN_1	IN_2	IN_3	IN_4	IN_5	IN_6	IN_7
地址	A_2	0	0	0	0	1	1	1	1
	A_1	0	0	1	1	0	0	1	1
	A_0	0	1	0	1	0	1	0	1

四、实验内容

将 A/D 转换器 ADC0809 接成图 6-42 所示电路，模拟信号由 IN_0 通道输入（$A_2 = A_1 = A_0 = 0$），$D_0 \sim D_7$ 接电平显示灯；将 EN（9 引脚）接在拨码开关 S1 上，研究 EN 端电平的

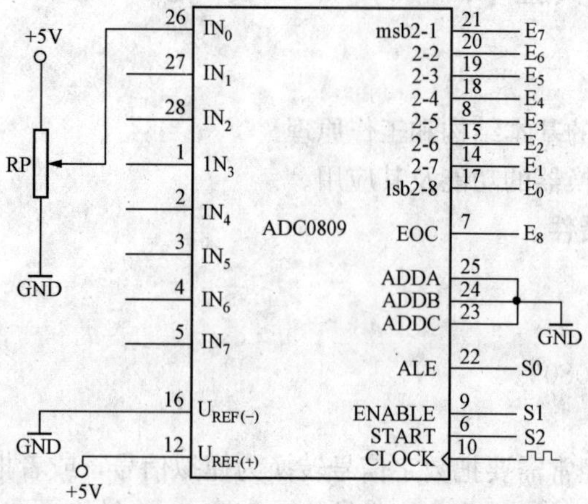

图 6-42　A/D 转换实验图

变化对 A/D 转换的控制作用，当 EN 端取高电平时，送入数据；START（6 引脚）接在拨码开关 S2 上，操作一次产生下降沿，读 A/D 转换结果一次；调节电位器 RP 获取不同的输入电压，拨动开关 S2，将转换结果填入表 6-32 中。

五、实验报告

整理实验数据，分析实验结果。

表 6-32　　　　　　　　　　A/D 转换测试表

输入模拟量	输　出　数　字　量								
U_i(V)	D_7	D_6	D_5	D_4	D_3	D_2	D_1	D_0	十进制数
0									
0.5									
1.0									
1.5									
2.0									
2.5									
3.0									
3.5									
4.0									
4.5									
5.0									

实验十五 D/A 转换器及其应用

一、实验目的

(1) 了解大规模集成 D/A 转换器的工作原理。

(2) 了解 D/A 转换器的转换性能及其应用。

二、实验主要设备与器件

(1) 数字电路实验箱。

(2) D/A 转换器 DAC0832。

三、实验原理

D/A 转换器是一个输出端、多个输入端的器件。其输出模拟电压正比于加在 n 个输入端的 n 位二进制数。例如 8 位 D/A 转换器，它有 8 个输入端，每个输入端是 8 位二进制数的 1 位，并有一个模拟输出端，输入可有 $2^8 = 256$ 个不同的二进制状态，输出为 256 个电压之一。所以输出的并非真正的模拟量，即输出电压不是整个电压范围内的任意值，而只是 256 个可能值。

图 6-43 中是由 R-2R 梯形电阻网络构成的 4 位 D/A 转换器。图中 B_3、B_2、B_1、B_0 为 4 位数据输入端，各端均可通过开关接地或接电源 U_{CC}。某输入端接地，则该位为 0；若接 U_{CC}，则该位为 1。若输入二进制码为 $B_3B_2B_1B_0 = 1000$，由戴维南定理可推导出模拟电压 $U_o = U_{CC}/2$。同理，可推导出输入为 0100 时，$U_o = U_{CC}/4$。

实际用的 DAC0832 是 8 位单通道 CMOS 单片集成 D/A 转换器，其引脚图如图 6-44 所示。它由 8 位输入寄存器、8 位 DAC 寄存器、8 位数/模转换器及与微处理器兼容的控制逻辑等组成。这个电路容易与 TTL 逻辑电平匹配，其中 8 位 D/A 转换器是主体部分，它采用 256 级倒 T 形 R-2R 电阻阶梯，由 CMOS 电流开关控制标准电压 U_{REF} 在其上所产生的电流。数字量通过两级寄存器的输入端两级寄存器锁存，可以做到在后一级正输给 D/A 进行转换时，前一级就可以接受新的数据，从而提高了转换速度。这两级寄存器需要分别加以控制。当数据送至芯片的数据输入端时，应使第一级锁存选通，这里是通过 ILE 和 $\overline{CS}$ 及 $\overline{WR_1}$ 的与来实现的。当第一级寄存器把输入数据锁存适当的时间以后，在传送给第二级寄存器锁存。第二级锁存选通信号是由 $\overline{XFER}$ 和 $\overline{WR_2}$ 的与来实现的。

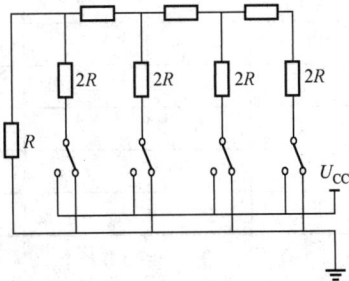

图 6-43 R-2R 梯形电阻网络 4 位 D/A 转换器

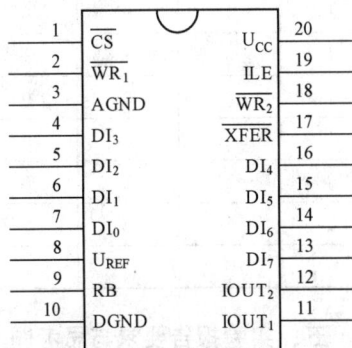

图 6-44 DAC0832 引脚图

DAC0832 输出的是电流，要转换为电压还必须经过一个运算放大器，整个电路如图 6-45所示。

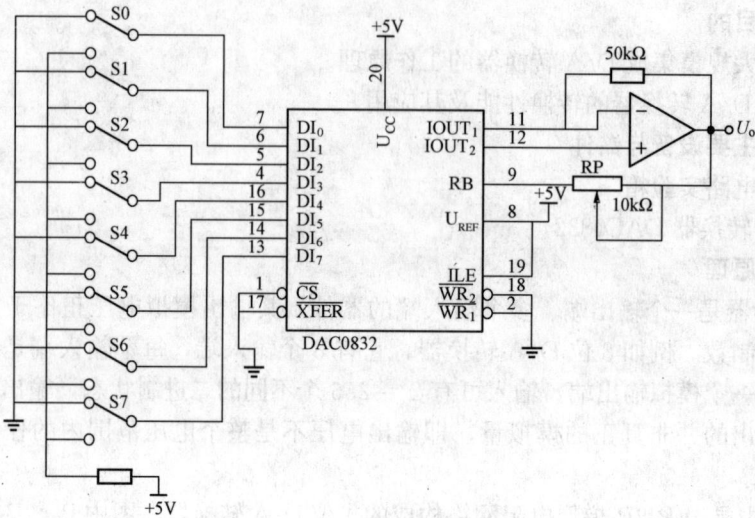

图 6-45   D/A 转换实验电路图

四、实验内容

（1）按图 6-45 连接实验线路。

（2）调零。使开关 S0～S7 打到"0"，然后调节电位器 RP，使 DAC 输出的运放反相放大器输出为"0"。

（3）按表 6-33 所列输入数字信号，用电压表测试数模转换电压，将测得结果填入表 6-33中。

表 6-33   D/A 转 换 测 试 表

数 字 量								$U_{CC}=+5V$	$U_{CC}=+1V$
D_7	D_6	D_5	D_4	D_3	D_2	D_1	D_0	U_o	U_o
1	1	1	0	0	1	1	1		
1	1	0	0	1	1	0	0		
1	0	1	1	0	0	1	1		
1	0	0	0	0	0	0	0		
0	1	0	0	0	0	1	0		
0	1	0	0	1	1	1	1		
0	0	1	1	0	1	1	1		

五、实验报告要求与思考题

（1）整理并分析实验结果。

（2）说明 DAC0832 系列芯片组成及各部分功能。

实验十六 电 路 设 计（一）

一、实验目的

（1）掌握组合电路设计方法。

（2）熟练使用中规模集成芯片。

二、实验设备与器件

（1）数字电路实验箱

（2）74LS151、74LS138、74LS00、74LS08、74LS32、74LS148、74LS48、74LS04，以及发光二极管、共阴数码管、拨动开关，电阻等

三、实验内容

（1）试用 8 选 1 数据选择器 74LS151 设计一个电路实现逻辑函数 F（A，B，C）＝AB＋AC＋BC，要求列出真值表，写出函数式，画出实验电路图，并在实验箱上完成测试。

（2）试用 74LS138 和 74LS00 设计一个全加器电路，要求列出真值表，写出函数式，画出实验电路图，并在实验箱上完成测试。

（3）利用与门（74LS08）和或门（74LS32）构成一个三人多数表决电路，要求列出真值表，写出函数式，画出实验电路图，并在实验箱上完成测试。

主要参考元器件有集成电路芯片（74LS08、74LS32）、发光二极管、拨动开关、电阻等。该实验的参考电路图如图 6 - 46 所示。

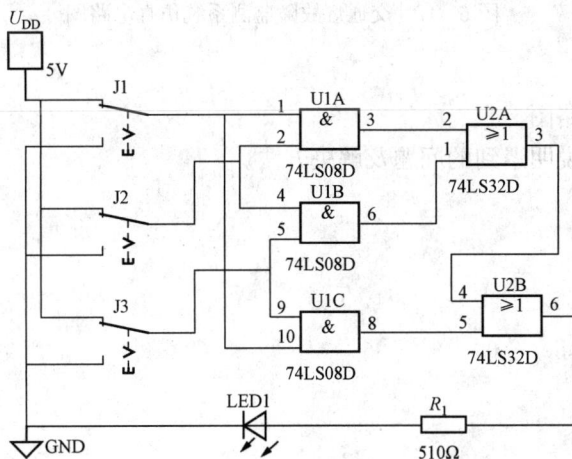

图 6 - 46 三人多数表决仿真电路图

（4）交通灯故障提示电路。若十字路口交通灯出现损坏，可导致交通秩序紊乱。为了防止此类事情发生，可以在交警值班室设置监测系统，一旦某个交通灯发生故障，该系统及时报警提示，同时显示故障发生位置的编号，以便相关人员及时进行维修。

采用 8 线—3 线优先编码器（74LS148），利用其编码的功能对故障信号进行编码，经过电平转换后，利用其输出的二进制代码送入显示译码器（74LS48），让其驱动数码管显示编号。

主要参考元器件有集成电路芯片（74LS148、74LS48、74LS04）、发光二极管、共阴数
码管、拨动开关、电阻等。该实验的参考电路图如图 6 - 47 所示。

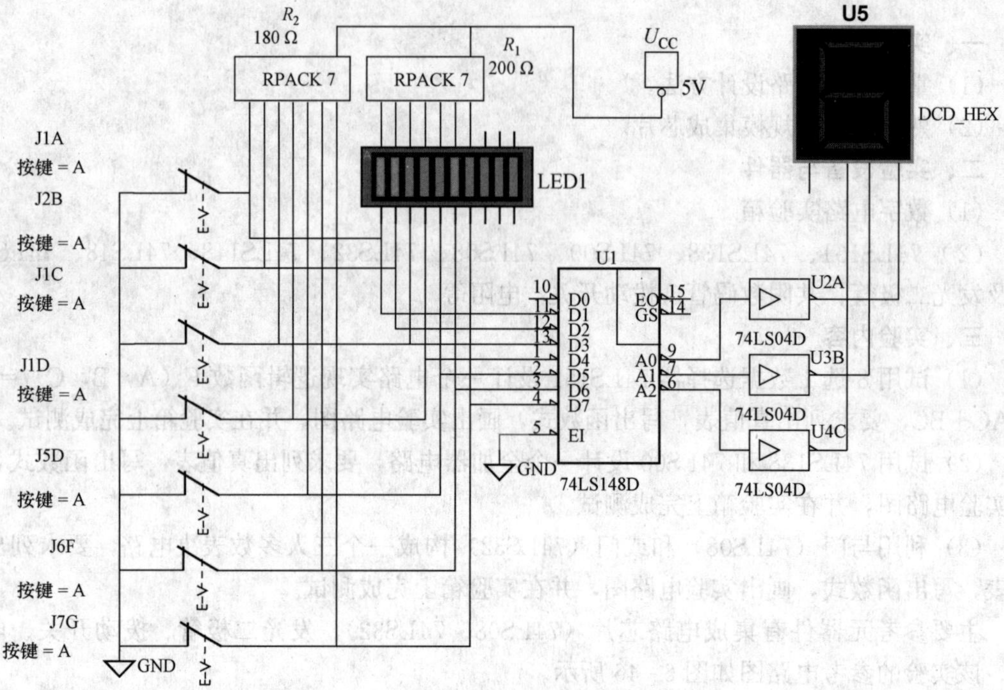

图 6 - 47   交通灯故障监测系统仿真电路图

四、实验报告

（1）画出实验电路图。

（2）制作电路并说明遇到的问题及解决方法。

实验十七 电 路 设 计（二）

一、实验目的

(1) 掌握常用中规模集成芯片的应用。

(2) 熟练使用中规模集成芯片设计电路。

二、实验设备与器件

(1) 数字电路实验箱

(2) 74LS74、74LS00、74LS175、74LS10、74LS125、74LS04，以及发光二极管、按键开关、脉冲发生电路、电阻等

三、实验内容

1. 设计要求

(1) 设置一个主持人按键，四组抢答人按键。

(2) 主持人按键能清除以前的抢答结果，并设置开始。

(3) 一人抢答成功后，其他人再抢无效。抢答开始后，若有选手按动抢答按钮，该选手编号立即锁存，并在抢答显示器上显示该编号，同时封锁输入电路，禁止其他选手抢答。抢答选手的编号一直保持到主持人将系统清零为止。

2. 电路设计

抢答器设计框图如图 6 - 48 所示。

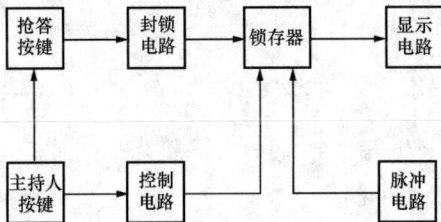

图 6 - 48　抢答器设计框图

3. 电路实现

可以采用主持人按键对锁存器（74LS175）清零端达到抢答显示数码管灭灯目的，利用与非门和三态门（74LS10、74LS125）达到封锁电路的目的，将封锁电路的输出送入到电平转换电路（74LS04）后，送入到锁存器（74LS175）中对数据进行锁存输出。

主要参考元器件有集成电路芯片（74LS175、74LS125、74LS04、74LS10）、发光二极管、按键开关、脉冲发生电路、电阻等。

四、实验报告

(1) 原理叙述时要注明主持人按键和抢答人按键的逻辑值，即主持人按键在清零和不清零时，分别处在什么电平位置；抢答人按键平时处在什么电平位置，抢答时处在什么电平位置。

(2) 画出实验原理电路图（参考电路见图 6 - 49）。

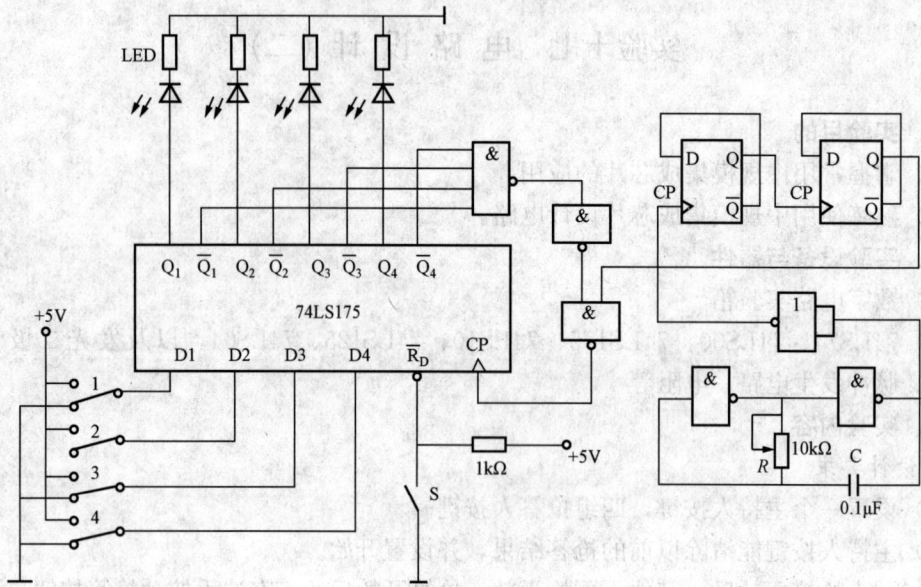

图 6 - 49　抢答器参考电路图

第三篇　PSpice 电路仿真技术

第七章　PSpice 软件和仿真应用

第一节　PSpice 软件组成

PSpice 是一个电路仿真分析设计的集成环境，主要包括 Schematics（图形编辑程序）、PSpice A/D（仿真分析程序）、Probe（图形后处理程序）、Stimulus Editor（信号源编辑程序）、Parts（元器件模型参数提取程序）、Optimizer（电路优化程序）等多个软件包。下面就其内容进行介绍。

一、Schematics 图形编辑程序

Schematics 是 PSpice 软件包的主程序项，其主要功能有：

（1）创建或编辑电路原理图；

（2）可以对元件进行修改和编辑；

（3）设置仿真分析方式和参数；

（4）运行仿真分析；

（5）仿真结束后，调用 Probe 程序显示图形。

二、PSpice A/D 仿真分析程序

PSpice A/D 是 PSpice 软件包中的分析程序，其主要功能有：

（1）完成对模拟或数字电路的仿真分析；

（2）PSpice A/D 程序的输入文件是由电路编辑程序根据输入电路图自动生成以".CIR"后缀的文件，或由用户直接输入的电路描述文件；

（3）PSpice A/D 程序的输出文件是".DAT"为后缀的数据文件（供 Probe 使用）和".OUT"为后缀的文本文件（可从 Schematics 中显示）。

三、Probe 图形后处理程序

Probe 程序是 PSpice 软件包中的图形后处理程序，其主要功能有：

（1）将 PSpice A/D 程序仿真分析后的结果，在屏幕或打印设备上以数据形式或以数据相关的图形形式显示出来；

（2）Probe 程序的输入文件是电路经 PSpice A/D 程序分析计算后所生成的以".DAT"为后缀的数据文件。

四、Stimulus Editor 信号源编辑程序

Stimulus Editor 信号源编辑程序的主要功能有：

（1）编辑 PSpice 运行过程中瞬态分析需要的脉冲、分段线性、调幅正弦、调频和指数等信号波形。

（2）编辑逻辑模拟需要的时钟信号，编辑各种形状脉冲信号以及总线信号波形。

五、Parts 元器件模型参数提取程序

Parts 元器件模型参数提取程序将来自生产厂家的器件数据信息或用户自定义的器件数据转换为 PSpice 中所用的模型参数，并提供它们之间的关系曲线及相互作用，确定元件的精确度。

六、Optimizer 电路优化程序

Optimizer 电路优化程序的功能是在电路的性能已经基本满足设计功能和指标的基础上，为了使得电路的某些性能更为理想，在一定的约束条件下，对电路的某些参数进行调整，直到电路的性能达到要求为止。

第二节　PSpice 主要分析功能和特点

一、直流分析

直流分析包括电路的静态工作点分析、直流小信号传递函数值分析、直流扫描分析与直流小信号灵敏度分析。分析结果以文本文件方式输出。

直流小信号传递函数值是电路在直流小信号下的输出变量与输入变量的比值，输入电阻和输出电阻也作为直流解析的一部分被计算出来。进行此项分析时电路中不能有隔直电容。

直流扫描分析可作出各种直流转移特性曲线。输出变量可以是某节点电压或某节点电流，输入变量可以是独立电压源、独立电流源、温度、元器件模型参数和通用（Global）参数（在电路中用户可以自定义参数）。

直流小信号灵敏度分析是分析电路各元器件参数变化对电路特性的影响程度。灵敏度分析结果以归一化的灵敏度值和相对灵敏度形式给出。

二、交流小信号分析

交流小信号分析包括频率响应分析和噪声分析。它是根据用户所指定的频率范围内对电路进行仿真分析。

频率响应分析能够分析传递函数的幅频响应和相频响应，亦即可以得到电压增益、电流增益、互阻增益、互导增益、输入阻抗、输出阻抗的频率响应。分析结果均以曲线方式输出。

PSpice 用于噪声分析时，可计算出每个频率点上的输出噪声电平及等效的输入噪声电平。

三、瞬态分析

瞬态分析，即时域分析，包括电路对不同信号的瞬态响应，时域波形经过快速傅里叶变换（FFT）后，可得到频谱图。通过瞬态分析，也可以得到数字电路时序波形。

另外，PSpice 可以对电路的输出进行傅里叶分析，得到时域响应的傅里叶分量，如直流分量、各次谐波分量、非线性谐波失真系数等，这些结果以文本方式输出。

四、灵敏度分析

灵敏度分析是计算电路指定的输出变量对电路元件参数的小信号灵敏度值。

五、温度特性分析

PSpice 软件通常是在 27℃情况下进行各种分析和仿真的。如果用户指定电路的工作温度，则可以进行不同温度下的电路特性分析。

六、蒙特卡罗分析和最坏情况分析

蒙特卡罗（Monte Carlo）分析是分析电路元器件参数在它们各自的容差（容许误差）范围内，以某种分布规律随机变化时电路特性的变化情况，这些特性包括直流、交流或瞬态特性。

最坏情况（Worst Case）分析与蒙特卡罗分析都属于统计分析，所不同的是蒙特卡罗分析是在同一次仿真分析中，参数按指定的统计规律同时发生随机变化；而最坏情况分析则是在最后一次分析时，使各个参数同时按容差范围内各自的最大变化量改变，以得到最坏情况下的电路特性。

第三节　电子电路 PSpice 程序辅助分析（一）

一、实验目的

（1）了解电子 EDA 技术的基本概念。

（2）熟悉 PSpice 软件的实验方法。

二、实验设备与器材

（1）计算机（486 以上 IBMPC 机或兼容机，8M 以上内存，80M 以上硬盘）。

（2）操作系统 Windows95 以上。

三、实验内容

（一）新建项目及文件

（1）在 E 盘根目录下新建一个文件夹，命名为"shiyan"，作为实验文件的存储目录。

（2）选择"开始/所有程序/DesignLab Eval 8/Design Manager"，启动 PSpice 文件管理主程序，如图 7-1 所示。

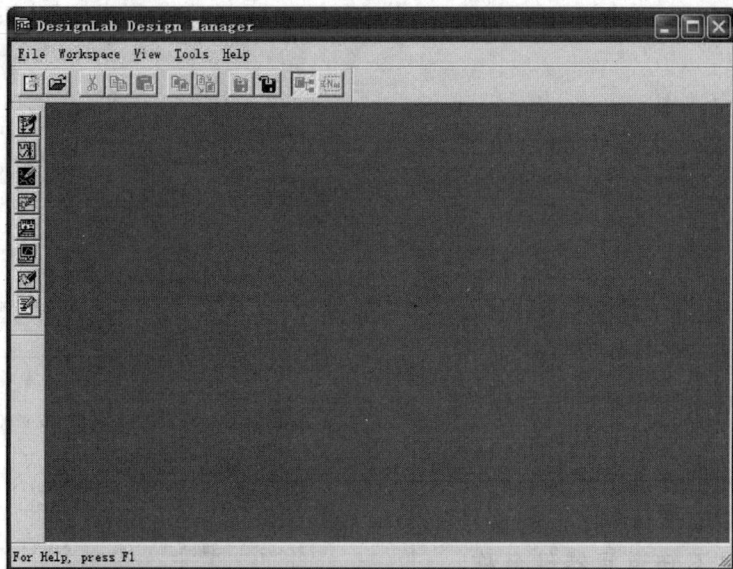

图 7-1　Design Manager 界面

（3）点击菜单栏中的"File/New WorKspace"选项，出现新建项目对话框，设定项目名称为"shiyan1"，对应的存储路径指向"E:\shiyan\shiyan1"（PSpice8.0 会在存储文件夹

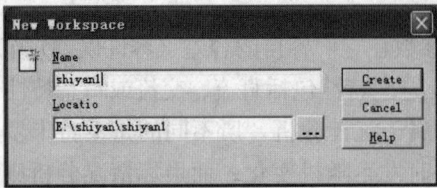

图 7-2　新建项目对话框

定存储路径为"E：\shiyan\shiyan1"。

中新建一个与项目名称一致的文件夹，存储本设计中的所有设计、输出文件），如图 7-2 所示。

（4）点击"Design Manager"界面左侧的 ⊠ 启动 Schematics，进入原理图绘制界面，如图7-3 所示。点击"File/Save as"，弹出文件保存对话框，给原理图文件命名为"gongsheji.sch"，并指

图 7-3　Schematics 原理图绘制界面

（二）绘制电路图

绘制共射极放大器电路，如图 7-4所示。

1. 放置元件

（1）选择菜单中"Draw/Get New Part"项或单击图标工具栏中 图标，弹出如图 7-5 所示的元件浏览窗口。

（2）在 Part Name 编辑框中输入元件名称。此时，在 Description 信息窗口中出现该元器件的描述信息，在 Part Name 中输入晶体管 Q1 的型号 Q2N3904。如果不知道元器件名称，可以单击"Libraries"，打开库浏览器 Library Browser，在 Library 窗口中单击所需元件相应的库类型，移动 Part 窗口中右侧滚动条，单击列表中的元

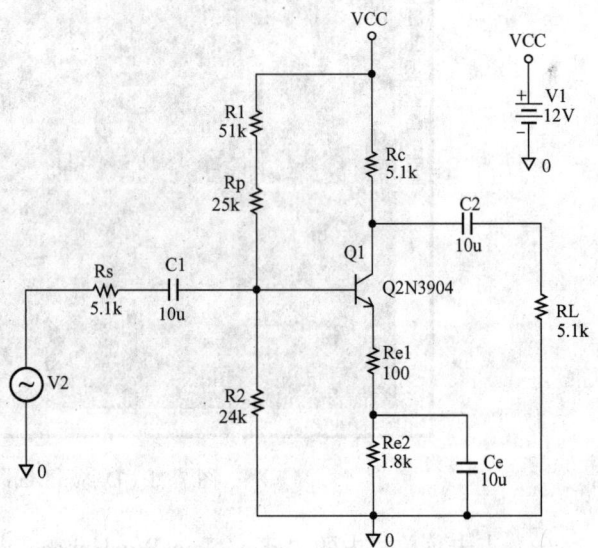

图 7-4　共射极放大电路

器件，在 Description 中查看描述信息，
判断所选器件是否需要，若是，则单击
"OK"，关闭 Library Browser，此时，
Part Browser 对话窗的 Part Name 编辑
框中显示的即为选中的元器件。

（3）单击"Place"，将鼠标箭头移出
Part Browser 窗口，这时箭头处出现该
元器件符号。

（4）移动箭头将元器件拖到合适的
位置，若需要可以用快捷键 Ctrl＋R 或
Ctrl＋F 旋转或翻转符号（也可用菜单项
"Edit/Rotate"或"Edit/Flip"来完成）。

（5）单击鼠标左键，将元器件放置在
页面上。此时，晶体管 Q1 的图形符号出
现在原理图页面上。如果需要可继续单击
左键，放置多个同类元器件，它们的标号
自动排序。

图 7-5　元件浏览对话框

（6）单击右键结束放置操作。

（7）用鼠标单击 Part Name 编辑框，将焦点移回 Part Name 编辑框中。

（8）重复（3）～（7）步。将其他元器件，如电阻（R）、电容（C）、直流电源
（VDC）、地（AGND）和信号源（VSIN）放置在工作界面上。为突出另外一种电路连接方
式，在直流电源端设置连接点 BUBBLE 符号（两个 BUBBLE 符号名称相同，表示在电路中
两点是连接在一起的）。

（9）元器件放置完后，单击"Close"关闭 Part Browser 窗口。

还有另一种放置元器件的方法，即如果知道所用元器件的名称可以不打开 Part Browser
窗口，直接在 R⬚⬚⬚ 中输入源器件名称并按"Enter"键，将元器件调出，放置在页
面上。

如果想删除不需要的元器件，可以用鼠标单击选中该元器件（元器件符号变成红色），
然后选择菜单项"Edit/Cut"就可以将元件删除（也可用键盘上的 Delete 键删除）。

2. 画电路连线

（1）选择菜单"Draw/Wire"或点击◳图标，此时鼠标箭头变成一只笔。

（2）将笔尖移到元件引脚端，点击左键，再将笔尖移到要连接的另一元件引脚端单击左
键，则完成一根连线的连接。

（3）重复第（2）步，画完所有连线。

（4）当两条导线相交，需要绘制节点时，可先绘制第一条线，绘制第二条时在交点处点
击一下，再继续绘制剩余的部分，则可在交叉处添加节点。

（5）单击右键，取消画线状态。

3. 为放大电路重要节点加标号

（1）双击 Rc 到晶体管集电极间的连线，弹出 Label 对话框（也可以通过选择菜单项

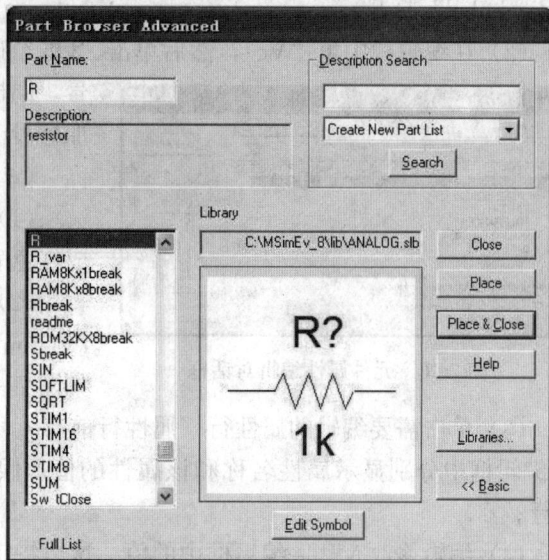

"Edit/Label" 打开)。

（2）在编辑栏中填 "Vc"，然后单击 "OK" 确认返回，此时在连线附近出现 "Vc" 标号。同样可以给其他关键点，如 Vs、Vi、Vo 点加标号。如果没有必要，这一步也可以不做。

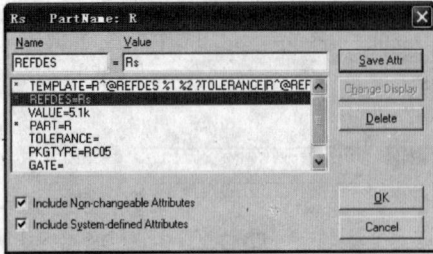

（三）编辑修改源器件标号和参数

（1）用鼠标点击要编辑修改的元件，元件变成红色表示被选中。

（2）假设选中电阻 Rs，选择菜单项 "Edit/Attributes" 或在元件符号上双击鼠标左键，弹出如图 7-6 所示的电阻属性编辑对话框。

图 7-6　元件属性编辑对话框

（3）单击需要编辑的属性行（属性行前有 * 号的属性在此不能修改），在 Name 和 Value 编辑框中分别显示属性名称和该属性的值。假设选中 Value（大写字母表示属性名）属性行。

（4）编辑修改 Value 编辑框中的值。这里将 1kΩ 改为 5.1kΩ。

（5）单击 "Save Attr"，保存修改后的值。这时可以看到 Value＝5.1k（如果在 Value 和 Name 编辑框中输入新的属性名和值，则可增加一条新的属性。）

（6）重复（3）～（5）步，编辑修改其他属性值。一般情况，只需要修改元件的参数值和元件标识名称（REFDES）。

（7）单击 "OK" 按钮确认所作的修改，关闭属性编辑对话框。这时，电路图中的电阻标号变为 Rs、阻值等于 5.1k。

（8）重复（1）～（7）步，将其他元器件标号和参数改为图 7-4 所示的值。其中 BUBBLE 符号定义的标号为 "VCC"。有源器件的参数（如晶体管 QZN3904β 值等）不能在属性编辑对话框中修改，必须在模型对话框（Model Editor）中修改。

信号源（VSIN）参数的设置稍微复杂些。在信号源的属性编辑对话框中，可以看到属性较多，其中正弦信号的幅值 VAMPL、频率 FREQ 和失调电压 VOFF（也是正弦信号的直流基准电压）必须设定确定的值。为了进行交流分析还需设定交流幅值 AC。此实验中设置 VAMPL＝20mV，FREQ＝1kΩ，VOFF＝0，AC＝20mV，如图 7-7 所示。

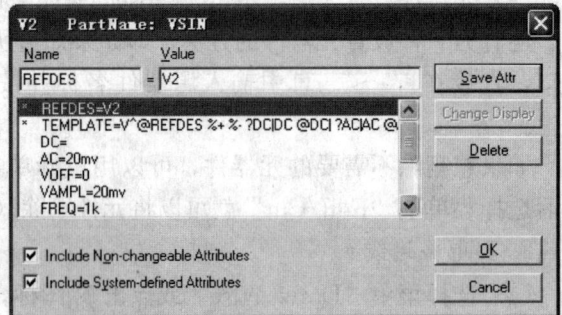

图 7-7　信号源 VSIN 的设置

另外也可以直接在电路图上双击元件参数值，弹出图 7-8 的元件属性值（Set Attribute Value）对话框，直接修改参数值。元件标号也可用类似的方法单独修改，如图 7-9 所示。

按照以上操作步骤，可作出图 7-4 所示电路图。

（四）电路检查

电路绘制完成后，需要进行电路检查。查看电路连接、元件标号等信息是否正确。

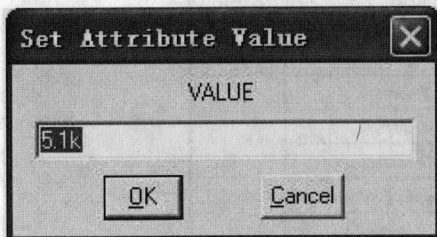

图 7 - 8　元件属性值对话框

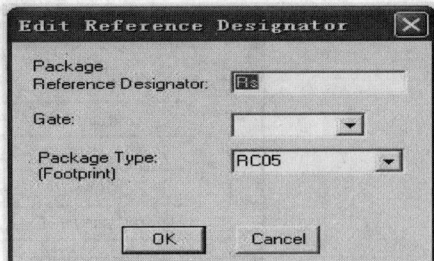

图 7 - 9　元件标号对话框

在菜单栏内依次点击"Analysis/Electrical Rule Check"，会弹出 MicroSim Message 对话框。若电路有问题，在弹出的对话框中会提示问题所在，如图 7 - 10 所示。可根据提示修改，修改后需要再次进行电路检查。若没有问题，会自动生成网络表文件，如图 7 - 11 所示。

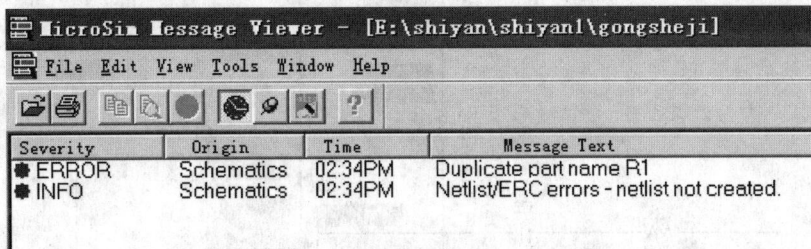

图 7 - 10　MicroSim Message 对话框

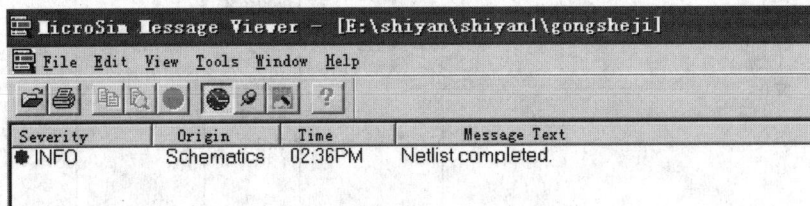

图 7 - 11　显示成功创建网络表

经检查无误后，在菜单栏里点击"File/Save"保存设计好的文件。

（五）PSpice 设置与仿真

本实验主要进行如下分析：①静态工作点分析（Bias Point Detall）；②直流分析（DC Sweep）；③瞬态分析（Transient）；④交流分析（AC Sweep）。

1. 静态工作点分析

（1）选择菜单项"Analysis/Setup"或工具栏上的图标▤，弹出如图 7 - 12 所示的分析设置对话框 Analysis setup。

（2）用单击"Bias Point Detail"左边的小方格开关选项，使小方格中显示☑（此时表示对应的分析功能有效），选中该选项，工作点分析功能设置完毕。

（3）执行"Analysis/Simulate"命令或点击工具栏右端的▨，进行仿真。仿真结束后，点击工具栏右端的 **V** 和 **I**，可以观察电路中各点的电压及流过的电流值。分析结果如图 7 - 13所示。

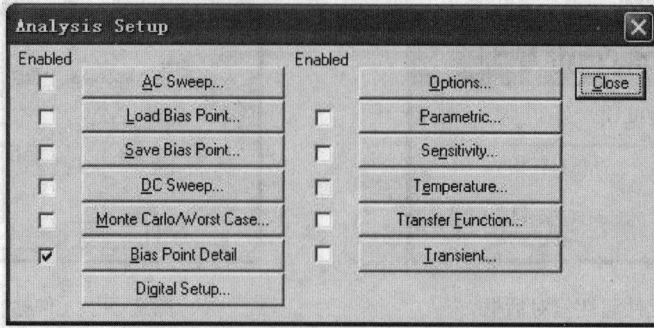

图 7 - 12　分析设置对话框 Analysis setup

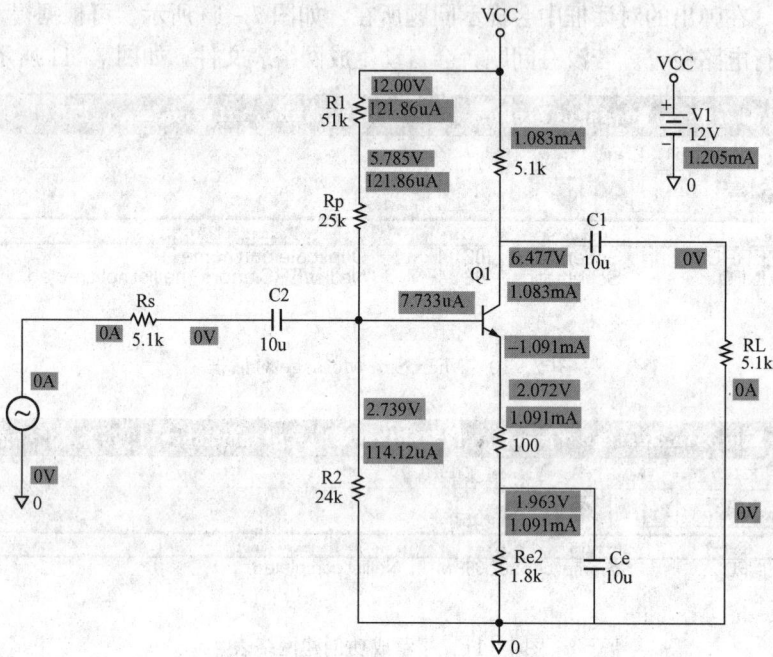

图 7 - 13　直流工作点分析结果

2. 直流分析

在电路的调试过程中，其中重要的一个步骤就是寻找合适的静态工作点。此时，要进行的工作就是调整 Rp 的值，观察对应 Ic 的值，找到合适的工作点，具体操作如下。

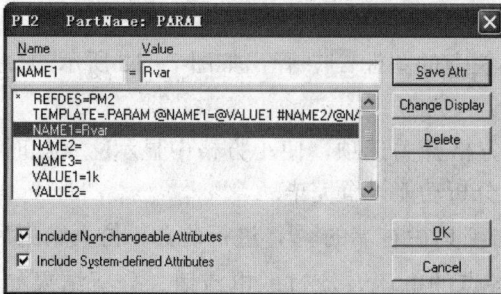

图 7 - 14　PARAM 设置对话框

（1）修改 Rp 的值，将原值"25k"更改为"{Rvar}"（必须带大括号）。从元件库中添加"PARAM"符号到原理图上。

（2）用鼠标左键双击"PARAM"符号，修改其属性。将 NAME1 值设定为"Rvar"，点击"Save Attr"保存；将 VAL-UE1 值设定为"1k"，点击"Save Attr"保存，并点击"OK"保存设置，如图 7 - 14

所示。

修改后，电路图部分显示如图 7 - 15 所示。

（3）执行 "Analysis/Setup" 或点击工具栏上的图表📄，在 Analysis setup 对话框中，单击 "DC Sweep" 左边的小方格开关选项，使小方格中显示☑（此时表示对应的分析功能有效），选中该选项后单击 "DC Sweep"，弹出如图 7 - 16 对话框。

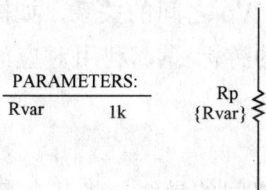

图 7 - 15　PARAM 设置后情况

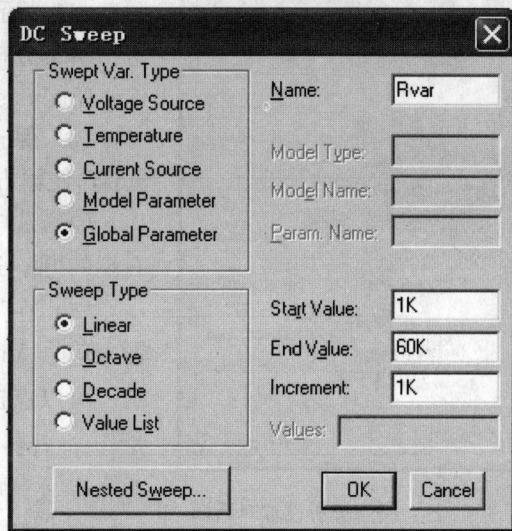

图 7 - 16　DC Sweep 设置对话框

（4）修改对话框属性。在 Swept Var Type 中，选择 "Global Parameter"；Name 中填入 "Rvar"；Sweep Type 中，选择 "Linear"；Start Value 中填入 "1k"，End Value 中填入 "60k"，Increment 中填入 "1k"。点击 "OK"，保存设置。此设置主要目的是将 Rp 从 1k 开始，以 1k 的增幅，逐渐增大到 60k，观察对应的 Ic 的变化，寻找合适的工作点。

（5）放置电流探针。在工具栏的右端有电流探针📍，放置在图 7 - 17 所示位置，观察 Rp 变化对 Ic 的影响。

（6）选中菜单栏中的 "Analysis/Simulate" 或工具栏右端的🖼，进行仿真，如图 7 - 18 所示。

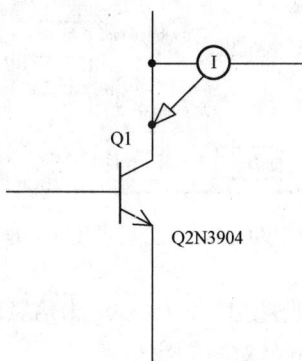

图 7 - 17　放置电流探针

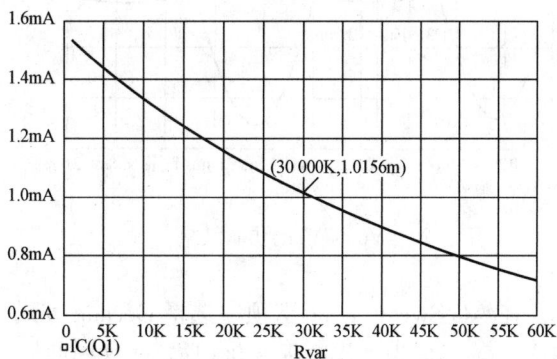

图 7 - 18　Microsim Probe 仿真的 Rp 与 Ic 之间的关系曲线

3. 瞬态分析

（1）将 Rp 的值修改为 DC SWEEP 找到的合适值，在电路图中的输入信号 Vi 处和输出信号 Vo 处放置电压探针📍，确定需要观察的信号。

（2）在 Analysis setup 对话框中，单击 "Transient" 左边的小方格开关选项，使小方格

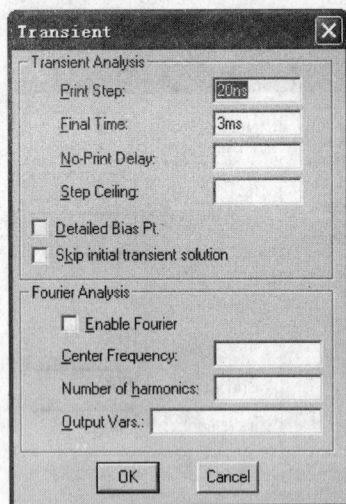

图 7-19　瞬态分析设置对话框

中显示☑，单击瞬态分析设置按钮"Transient"，弹出如图 7-19 所示的瞬态分析设置对话框 Transient。该对话框包括瞬态分析（Transient Analysis）和傅立叶分析（Fourier Analysis）设置两部分，在此只设置瞬态分析。

（3）保持 Print Step 为 20ns，修改 Final Time 值为 3ms，使输出最终能显示 3 个周期。

（4）选中菜单栏中的"Analysis/Simulate"或工具栏右端的🖼，进行仿真。

（5）在弹出的 Microsim Probe 工作界面中，可以查看输入信号 Vi 与输出信号 Vo 之间的关系，如图 7-20 所示。可以点击工具栏上的游标🖰，利用对应的工具（如🖰）查看各点的值。

4. 交流分析

（1）双击 Rs 与 C2 之间的导线，将其命名为 Vi；双击 C1 与 RL 之间的导线，将其命名为 Vo，作为测试的信号节点。

（2）在 Analysis setup 对话框中，单击"AC Sweep"左边的小方格开关选项，使小方格中显示☑，单击"AC Sweep"分析设置按钮，弹出如图 7-21 所示的 AC Sweep 分析设置对话框。

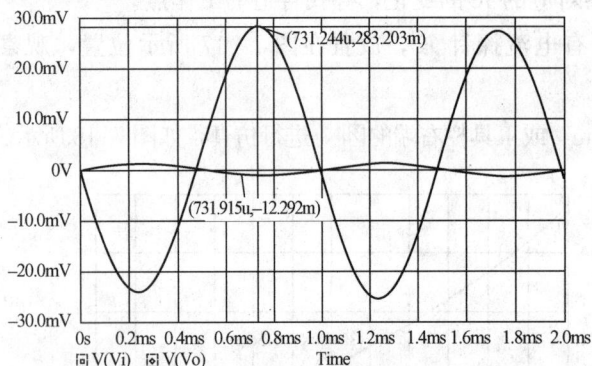

图 7-20　Vo 与 Vi 的仿真结果

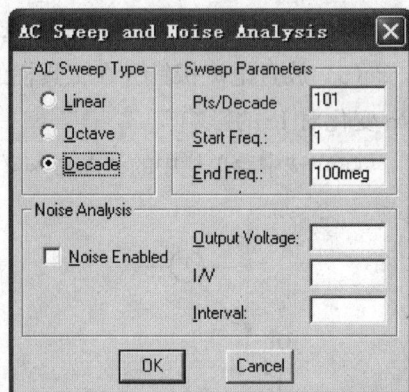

图 7-21　AC Sweep 分析设置对话框

（3）在 AC Sweep Type 选项中选择 Decade 方式（Linear 为线性扫描，Octave 为倍频程变化扫描，Decade 为十倍频程变化扫描）。这样曲线的水平坐标将是对数频率坐标。

（4）在 Sweep Paramenters 中设置 Pts/Decade＝101（每十倍频程 101 个点）、Start Freq＝1、End Freq＝100Meg。频率扫描范围可以根据分析结果判断是否合适、不合适可以重新设置。

（5）单击"OK"回到 Analysis setup 对话框。交流分析设置完毕（若电路中有上部分实验遗留的电流、电压探针，最好将其删除）。

（6）选中菜单栏中的"Analysis/Simulate"或工具栏右端的🖼，进行后台数据处理。

（7）观察电路的频率响应曲线。在弹出的 Microsim Probe 工作界面中，选择菜单栏中的"Trace/Add"，弹出如图 7-22 所示 Add Trace 对话框。在 Trace Expression 对话框中输入"DB［V（Vo）/V（Vi）］"，或者在左侧的各个信号中选择所需要的信号，在右侧的 Fuctions or Macros 选择所需要的操作符或函数。编辑完成后，单击"OK"，可以在 Probe 工作界面中看到电路的频率响应曲线。点击工具栏上的游标，查看各点的值，也可使用标定各点的参数，如图 7-23 所示。

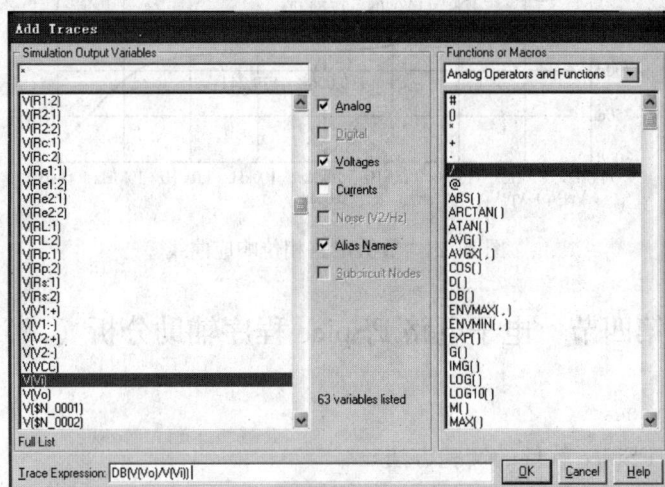

图 7-22　Add Traces 对话框

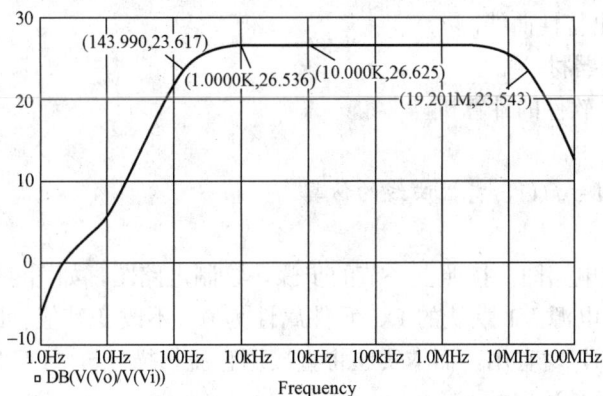

图 7-23　放大电路频率响应曲线

如需要复制曲线图，可选择"Tools/Copy to Clipboard"即可复制图片，在其他的编辑器（如 Word）中，选择粘贴即可复制曲线图。

（8）观察电路的相位响应曲线。在弹出的 Microsim Probe 工作界面中，选择菜单栏中的"Trace/Add"。在 Trace Expression 对话框中输入"Vp（Vo）—Vp（Vi）"，编辑完成后，单击"OK"，可以在 Probe 工作界面中看到电路的相位响应曲线，如图 7-24 所示。可以点击游标，查看各点的值。

四、实验报告

（1）按实验各项要求，打印仿真波形和曲线图。

（2）讨论电路参数对频率特性的影响。

（3）讨论 PSpice 的功能和仿真步骤。

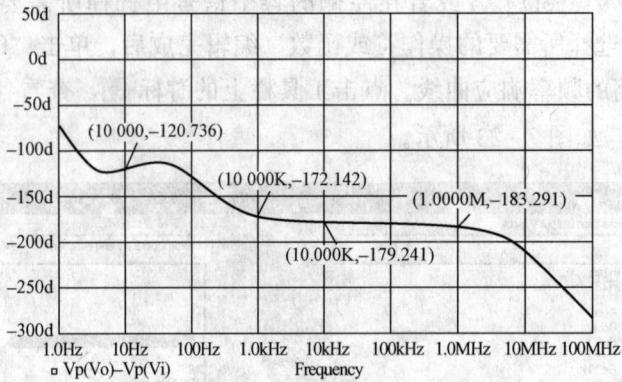

图 7 - 24　放大电路相位响应曲线

第四节　电子电路 PSpice 程序辅助分析（二）

一、实验目的

（1）熟练掌握 PSpice 软件的实验方法。

（2）使用 PSpice 直流扫描分析（DC Sweep）来验证二极管的 U/I 特性曲线。

（3）使用 PSpice 直流扫描分析（DC Sweep）的嵌套扫描（Nested Sweep）来验证晶体三极管的 Vce-Ib 输出特性曲线。

二、实验设备与器材

装有 PSpice 8.0 软件的计算机。

三、实验内容

（一）二极管的 $I = f(U)$ 特性曲线的仿真

1. 绘出电路图

新建项目，绘出电路图。按照上一节的步骤，绘制电路图，如图 7 - 25 所示，并保存为 D1N4002. sch。其中电源 V1 默认的 DC 元件属性为 0，不改变其值。因为它只在偏压点分析（Bias Point Detail）时有用，而本实验将直接用直流扫描分析（DC Sweep）来求解。

2. 直流扫描分析参数设置

（1）选择菜单栏 "Analysis/Setup" 或工具栏上的图标▤，弹出如图 7 - 26 所示的分析设置对话框 Analysis setup。

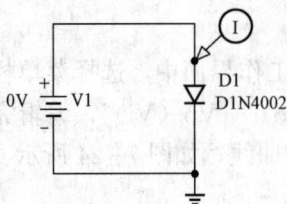

图 7 - 25　测量二极管 $I = f(U)$ 特性曲线的电路

（2）单击 "DC Sweep" 左边的小方格开关选项，使小方格中显示☑，选中该选项，并单击 "DC Sweep" 选项，打开 DC Sweep 设置对话框，输入参数。在 Swept Var Type 中，选择 "Voltage Source"；Name 中填入 "V1"；Sweep Type 中，选择 "Linear"；Start Value 中填入 "−110"；End Value 中填入 "10"；Increment 中填入 "0.01"，如图 7 - 27 所示。

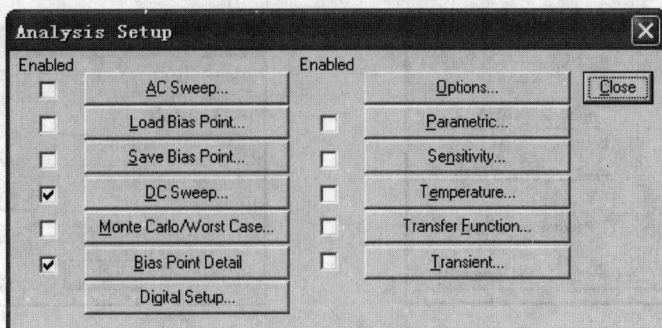

图 7 - 26 Analysis setup 分析设置对话框

（3）设置完毕后，在工具栏的右端取一个电流探针 🔎，放置在 D1 正极引脚端，以便仿真后观察。

3. 观察仿真结果

（1）执行"Analysis/Simulate"命令或单击工具栏右端的 🖩，进行仿真。分析结果如图 7 - 28 所示。

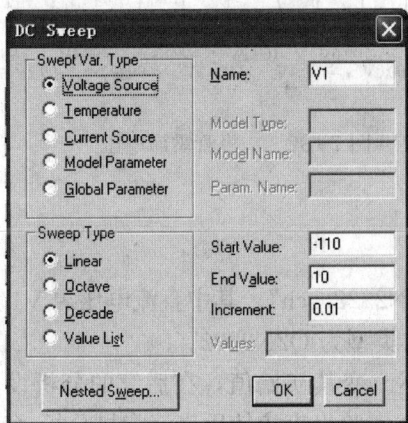

图 7 - 27 DC Sweep 设置对话框

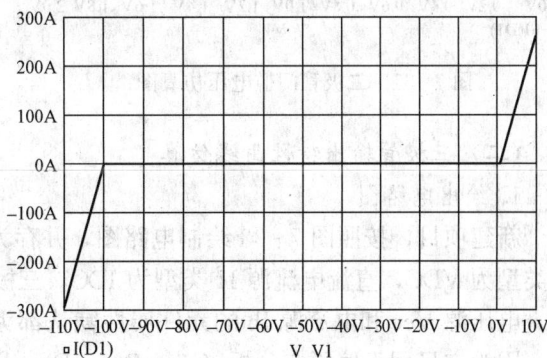

图 7 - 28 二极管 $I = f(U)$ 特性曲线仿真结果

（2）调整横轴与纵轴坐标以便观察门槛电压值。在 Probe 界面选择"Plot\X Axis Settings…"功能选项或直接在 X 轴坐标刻度上双击左键来打开 X Axis Settings 对话框，把"X Axis"页内"Data Range"栏下的"User Defined"值设为 0～2V，如图 7 - 29 所示。

同理，在 Probe 界面选择"Plot\Y Axis Settings"，把 Y Axis 页内 Data Range 栏下的 User Defined 值设为 0～2V，如图 7 - 30 所示。设置结束后，仿真结果如图 7 - 31 所示。由图可知，二极管的门槛电压约为 0.75V。

（3）调整横轴与纵轴坐标以便观察门槛电压值。按照前面操作将 X 轴坐标刻度值设为 −101～−99V，将纵轴坐标调整为 −5～0A，则在 Probe 窗口中，仿真结果如图 7 - 32 所示。可见，二极雪崩电压约为 100V。

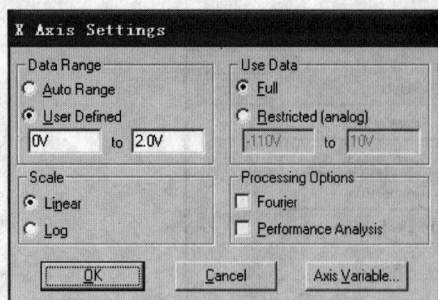

图 7 - 29　X Axis Settings 设置对话框

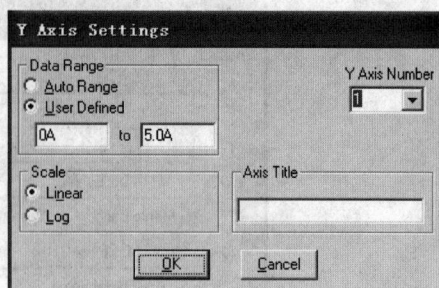

图 7 - 30　Y Axis Settings 设置对话框

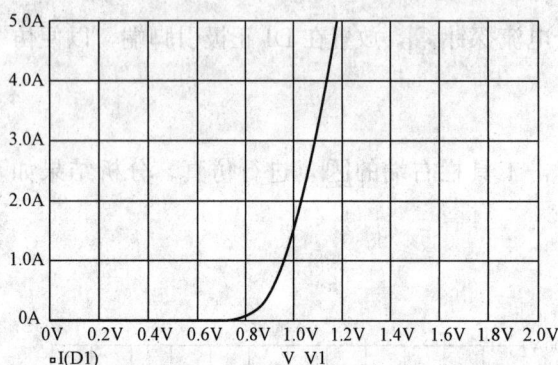

图 7 - 31　二极管门槛电压仿真图

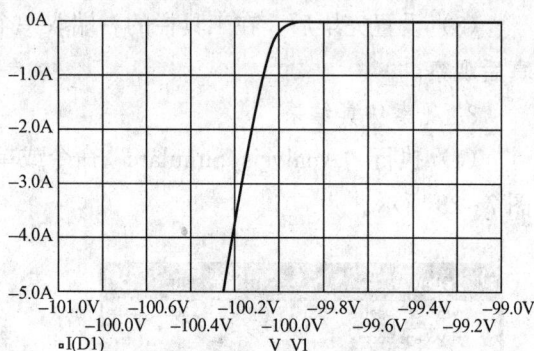

图 7 - 32　二极管雪崩电压

（二）三极管输出特性曲线仿真

1. 绘出电路图

新建项目，按照图 7 - 33 绘制电路图，并存为"Q2N2222. sch"。其中直流电压源 V1 元件类型为 VDC，直流电流源 I1 类型为 IDC，三极管 Q1 类型为 Q2N2222。

电压源 Vce 和电流源 Ib 的元件属性默认都为 0，不改变其初始值，在后续的分析设置中，因为它只用于偏压点分析（Bias Point Detail），而本实验将直接使用直流扫描分析（DC Sweep）的嵌套扫描（Nested Sweep）来求解 Q2N2222 的 Vce/Ic 特性曲线。

2. 设置直流扫描分析和直流嵌套扫描的参数

晶体管特性曲线 Vce/Ic 的横轴为 Vce，纵轴为 Ic，随着不同的值会各自有一条对应的曲线。在曲线中有两个不同的输入变量在改变，其中主扫描变量为 Vce，副扫描变量为 Ib。如果想在同一张输出波形图上同时显示这两种扫描的输出结果，使用直流扫描分析（DC Sweep）的嵌套扫描（Nested Sweep）是最直接方法。

（1）设置 DC Sweep 仿真参数。选择菜单项"Analysis/Setup"或工具栏上的图标▦，弹出

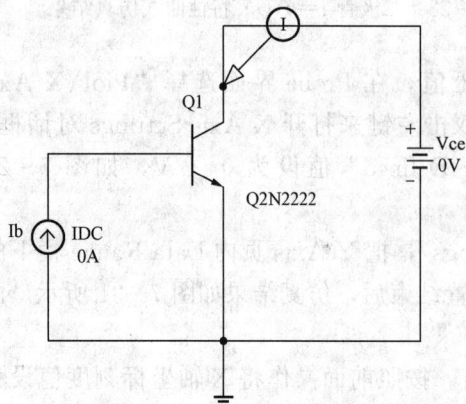

图 7 - 33　测量三极管输出
特性曲线的仿真电路

分析设置对话框 Analysis Setup。单击 "DC Sweep" 左边的小方格开关选项，使小方格中显示☑，选中该选项，并单击 "DC Sweep" 选项，弹出 DC Sweep 设置对话框。

（2）设置主扫描参数。输入主扫描设置参数，在 Swept Var Type 中，选择 "Voltage Source"；Name 中填入 "Vce"；Sweep Type 中，选择 "Linear"；Start Value 中填入 "0"；End Value 中填入 "4"；Increment 中填入 "0.01"，如图 7-34 所示。

（3）设置副扫描参数。在 DC Sweep 对话框中的左下端，单击 "Nested Sweep"，弹出 DC Nested Sweep 对话框。输入副扫描参数，在 Swept Var Type 中，选择 "Voltage Source"；Name 中填入 "Ib"；Sweep Type 中，选择 "Linear"；Start Value 中填入 "0"；End Value 中填入 "1m"，Increment 中填入 "0.2m"；并选中对话框右下处的 "Enable Nested Sweep"，单击 "OK"，完成设置，如图 7-35 所示。

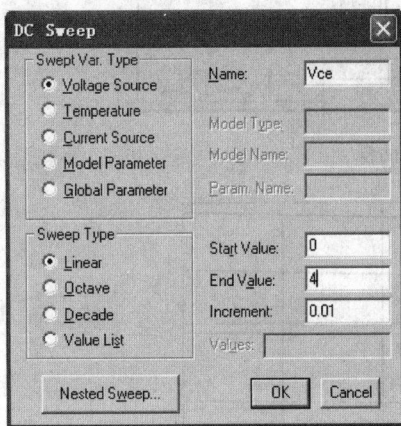

图 7-34　主扫描参数 Vce 的设置　　　　　　　图 7-35　副扫描参数 Ib 的设置

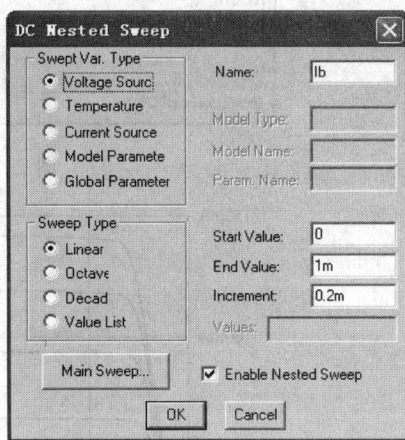

（4）说明。设置主扫描变量为电压源 Vce，由 0V 开始线性扫描直到 4V，每隔 0.01V 记录一点。副扫描量为电流源（Current Source）Ib，Sweep Type 栏选 Linear 线性扫描；Star Value 栏设为 "0"；End Value 栏设为 "1m"（毫安）；Increment 设为 0.2m，如此 Ib 将在 0、0.2、0.4、0.6、0.8mA 和 1.0mA 时各扫描出一条曲线。

3. 执行 PSpice 仿真

（1）执行 "PSpice/Run" 菜单命令或单击仿真按钮，启动 PSpice 程序执行仿真。屏幕上自动打开 Probe 窗口。若在绘制电路时，已经放入电流探针，则可直接观察到仿真结果。

也可以选择 "Trace/Add"，打开如图 7-36 的 Add Traces 对话框，在 Add Traces 对话框左侧 Simulation Output Variables 栏内的 "Ic（Q1）" 处单击鼠标左键，此时在窗口下的 Trace Expression 栏处应该出现 "Ic（Q1）" 字样。用鼠标选 "OK"，退出 Add Traces 窗口。这时的 PSpice 窗口的输出波形区出现图 7-37 所示的五条曲线。由图可以看到三极管的输出特性曲线。

（2）说明。

1）为了标明各曲线属于哪个 Ib 值，可在图上加上说明文字，具体操作方法为：单击 "Tools/Label/Text"，弹出 Text Label 对话框，如图 7-38 所示；在对话框内输入曲线描述信息，选中 "OK" 回到图形界面，在合适的地方单击鼠标左键。

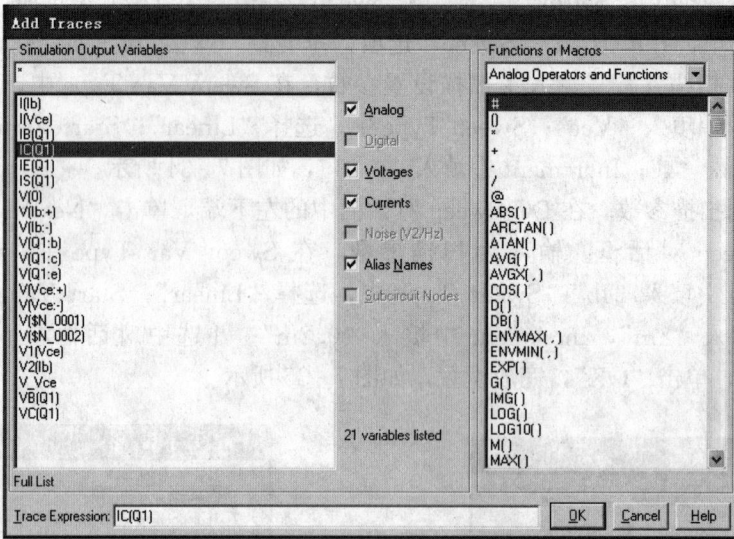

图 7 - 36　Add Traces 对话框

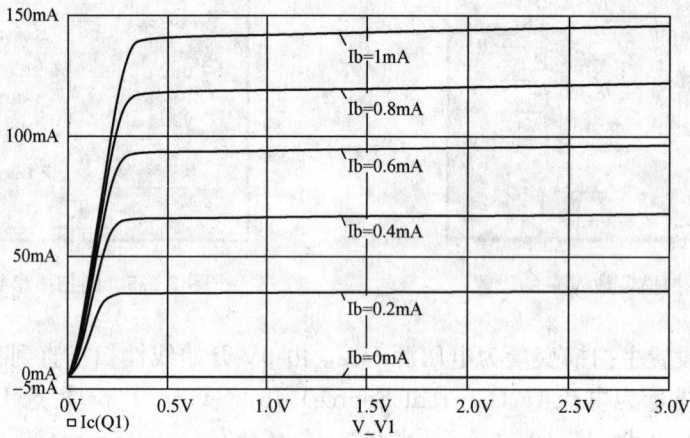

图 7 - 37　Q2N2222 的输出特性曲线

图 7 - 38　Text Label 对话框

2）由图 7 - 37 所示曲线，大致可以看出在放大区内，当 Ib 为 0.1mA 时，Ic 为 17.8mA，所以 $\beta =$ 17.8/0.1 = 178。而 Ib 为 0.2、0.3、0.4mA 和 0.5mA 时，β 值也大约为这个值。所以在使用 Q2N2222 这个晶体管作设计时，可以简单地将其 β 估计为 178 后再作计算。

四、实验研究与思考

（1）按实验各项要求，打印仿真波形和曲线图。

（2）如何作出场效应管的输出特性曲线？

附录　常用集成电路外引脚图

序号	名　称	外引线排列	序号	名　称	外引线排列
1	74LS00 四2输入与 非门	7400 74H00 74L00 74LS00 74HC00 74S00 74C00 $Y=\overline{AB}$ 1A〔1　14〕U_{CC} 1B〔2　13〕4B 1Y〔3　12〕4A 2A〔4　11〕4Y 2B〔5　10〕3B 2Y〔6　9〕3A GND〔7　8〕3Y	6	74LS20 二4输入与 非门	7420 74H20 74L20 74LS20 74S20 74HC20 74C20 $Y=\overline{ABCD}$ 1A〔1　14〕U_{CC} 1B〔2　13〕2D NC〔3　12〕2C 1C〔4　11〕NC 1D〔5　10〕2B 1Y〔6　9〕2A GND〔7　8〕2Y
2	74LS02 四2输入或 非门	7402 74L02 74LS02 74S02 74HC02 74C02 $Y=\overline{A+B}$ 1Y〔1　14〕U_{CC} 1A〔2　13〕4Y 1B〔3　12〕4B 2Y〔4　11〕4A 2A〔5　10〕3Y 2B〔6　9〕3B GND〔7　8〕3A	7	74LS27 三3输入或 非门	7427 74LS27 74HC27 $Y=\overline{A+B+C}$ 1A〔1　14〕U_{CC} 1B〔2　13〕1C 2A〔3　12〕1Y 2B〔4　11〕3C 2C〔5　10〕3B 2Y〔6　9〕3A GND〔7　8〕3Y
3	74LS04 六反相门	7404 74H04 74L04 74LS04 74S04 74HC04 74C04 $Y=\overline{A}$ 1A〔1　14〕U_{CC} 1Y〔2　13〕6A 2A〔3　12〕6Y 2Y〔4　11〕5A 3A〔5　10〕5Y 3Y〔6　9〕4A GND〔7　8〕4Y	8	74LS32 四2输入 或门	7432 74LS32 74S32 74HC32 74C32 $Y=A+B$ 1A〔1　14〕U_{CC} 1B〔2　13〕4B 1Y〔3　12〕4A 2A〔4　11〕4Y 2B〔5　10〕3B 2Y〔6　9〕3A GND〔7　8〕3Y
4	74LS08 四2输入 与门	7408 74LS08 74S08 74HC08 74C08 $Y=AB$ 74××00 与门型 1A〔1　14〕U_{CC} 1B〔2　13〕4B 1Y〔3　12〕4A 2A〔4　11〕4Y 2B〔5　10〕3B 2Y〔6　9〕3A GND〔7　8〕3Y	9	74LS42 BCD—十进 制译码器	7442 74L42 74LS42 74HC42 74C42 0〔1　16〕U_{CC} 1〔2　15〕A 2〔3　14〕B 3〔4　13〕C 4〔5　12〕D 5〔6　11〕9 6〔7　10〕8 GND〔8　9〕7
5	74LS10 三3输入与 非门	7410 74H10 74L10 74LS10 74S10 74HC10 74C10 $Y=\overline{ABC}$ 1A〔1　14〕U_{CC} 1B〔2　13〕1C 2A〔3　12〕1Y 2B〔4　11〕3C 2C〔5　10〕3B 2Y〔6　9〕3A GND〔7　8〕3Y	10	74LS43 余3码—十进 制译码器	7443A 74L43 0〔1　16〕U_{CC} 1〔2　15〕A 2〔3　14〕B 3〔4　13〕C 4〔5　12〕D 5〔6　11〕9 6〔7　10〕8 GND〔8　9〕7

续表

序号	名　称	外引线排列	序号	名　称	外引线排列
11	74LS44 余3格雷码—十进制译码器	7444A 74L44 — 引脚：0[1] 1[2] 2[3] 3[4] 4[5] 5[6] 6[7] GND[8]；7[9] 8[10] 9[11] D[12] C[13] B[14] A[15] U_{CC}[16]	16	74L54 74LS54 四路（2-3-3-2）输入与或非门	$Y=\overline{AB+CDE+FGH+IJ}$ — 引脚：A[1] B[2] C[3] D[4] E[5] Y[6] GND[7]；NC[8] F[9] G[10] H[11] I[12] J[13] U_{CC}[14]
12	74LS45 BCD—十进制译码器 用作灯、继电器或 MOC驱动器，能 吸收80mA电流， 在BCD无效输入 状态下，所有输 出维持高电平，功 能表同74LS42	74××45 — 引脚：0[1] 1[2] 2[3] 3[4] 4[5] 5[6] 6[7] GND[8]；7[9] 8[10] 9[11] D[12] C[13] B[14] A[15] U_{CC}[16]	17	74LS72 与输入JK主 从触发器	引脚：NC[1] $\overline{CLR}$[2] J_1[3] J_2[4] J_3[5] $\overline{Q}$[6] GND[7]；Q[8] K_1[9] K_2[10] K_3[11] CLK[12] $\overline{PR}$[13] U_{CC}[14]
13	74LS46/47 BCD—七段译 码驱动器	7446A 7447A 7446 7447 74S47 — 引脚：B[1] C[2] LT[3] BI/RBO[4] RBI[5] D[6] A[7] GND[8]；e[9] d[10] c[11] b[12] a[13] g[14] f[15] U_{CC}[16]	18	74LS74 双正边沿D 触发器	74××74 — 引脚：$\overline{1CLR}$[1] 1D[2] 1CLK[3] $\overline{1PR}$[4] 1Q[5] $\overline{1Q}$[6] GND[7]；$\overline{2Q}$[8] 2Q[9] $\overline{2PR}$[10] 2CLK[11] 2D[12] $\overline{2CLR}$[13] U_{CC}[14]
14	74LS48 BCD—七段译 码驱动器	7448 74LS48 — 引脚：B[1] C[2] LT[3] BI/RBO[4] RBI[5] D[6] A[7] GND[8]；e[9] d[10] c[11] b[12] a[13] g[14] f[15] U_{CC}[16]	19	74LS75 4位D 锁存器	7475 74L75 74LS75 74HC75 — 引脚：$\overline{1Q}$[1] 1D[2] 2D[3] EN12[4] U_{CC}[5] 3D[6] 4D[7] $\overline{4Q}$[8]；4Q[9] 3Q[10] $\overline{3Q}$[11] GND[12] EN13[13] $\overline{2Q}$[14] 2Q[15] 1Q[16]
15	74LS50 二2输入双与 或非门	7450 74H50 74LS50 $Y=\overline{AB+CD+X}$ — 引脚：1A[1] 2A[2] 2B[3] 2C[4] 2D[5] 2Y[6] GND[7]；1Y[8] 1C[9] 1D[10] X[11] $\overline{X}$[12] 1B[13] U_{CC}[14]	20	74LS86 四2输入 异或门	74LS86 74HC86 74C86 $Y=A\oplus B$ — 引脚：1A[1] 1B[2] 1Y[3] 2A[4] 2B[5] 2Y[6] GND[7]；3Y[8] 3A[9] 3B[10] 4Y[11] 4A[12] 4B[13] U_{CC}[14]

序号	名 称	外引线排列	序号	名 称	外引线排列
21	74LS90 十进制计数器	74××90（14脚）左：1 Bin，2 $R0_{(1)}$，3 $R0_{(2)}$，4 NC，5 U_{CC}，6 $R9_{(1)}$，7 $R9_{(2)}$；右：14 Ain，13 NC，12 QA，11 QD，10 GND，9 QB，8 QC	26	74LS138 3线—8线译码器	74××138（16脚）左：1 A_0，2 A_1，3 A_2，4 $\overline{GA}$，5 $\overline{GB}$，6 G_1，7 Y_7，8 GND；右：16 U_{CC}，15 $\overline{Y_0}$，14 $\overline{Y_1}$，13 $\overline{Y_2}$，12 $\overline{Y_3}$，11 $\overline{Y_4}$，10 $\overline{Y_5}$，9 $\overline{Y_6}$
22	74LS93 4位二进制计数器	74××93（14脚）左：1 Bin，2 $R0_{(1)}$，3 $R0_{(2)}$，4 NC，5 U_{CC}，6 NC，7 NC；右：14 Ain，13 NC，12 QA，11 QD，10 GND，9 QB，8 QC	27	74LS139 双2线—4线译码器	74××139（16脚）左：1 $1\overline{G}$，2 1A，3 1B，4 $1\overline{Y_0}$，5 $1\overline{Y_1}$，6 $1\overline{Y_2}$，7 $1\overline{Y_3}$，8 GND；右：16 U_{CC}，15 $1\overline{G}$，14 2A，13 2B，12 $2\overline{Y_0}$，11 $2\overline{Y_1}$，10 $2\overline{Y_2}$，9 $2\overline{Y_3}$
23	74LS95 4位移位寄存器	74××95（14脚）左：1 SD in，2 A，3 B，4 C，5 D，6 MODE Ctrl，7 GND；右：14 U_{CC}，13 QA，12 QB，11 QC，10 QD，9 CLK(R)，8 CLK(L)	28	74LS148 8线—3线优先编码器	74××148（16脚）左：1 $\overline{I_4}$，2 $\overline{I_5}$，3 $\overline{I_6}$，4 $\overline{I_7}$，5 $\overline{EI}$，6 $\overline{A_2}$，7 $\overline{A_1}$，8 GND；右：16 U_{CC}，15 $\overline{EO}$，14 $\overline{GS}$，13 $\overline{I_3}$，12 $\overline{I_2}$，11 $\overline{I_1}$，10 $\overline{I_0}$，9 A_0
24	74LS109 双JK正边沿触发器	74××109（16脚）左：1 $\overline{1CLR}$，2 1J，3 $\overline{1K}$，4 1CLK，5 $\overline{1PR}$，6 1Q，7 $\overline{1Q}$，8 GND；右：16 U_{CC}，15 $\overline{2CLR}$，14 2J，13 2R，12 2CLK，11 $\overline{2PR}$，10 2Q，9 $\overline{2Q}$	29	74LS151 8选1数据选择器	74××151（16脚）左：1 D_3，2 D_2，3 D_1，4 D_0，5 Y，6 $\overline{Y}$，7 ST，8 GND；右：16 U_{CC}，15 D_4，14 D_5，13 D_6，12 D_7，11 A_0，10 A_1，9 A_2
25	74LS112 双JK负边沿触发器	74××112（16脚）左：1 1CLK，2 1K，3 1J，4 $\overline{1PR}$，5 1Q，6 $\overline{1Q}$，7 $\overline{2Q}$，8 GND；右：16 U_{CC}，15 $\overline{1CLR}$，14 $\overline{2CLR}$，13 2CLK，12 2K，11 2J，10 $\overline{2PR}$，9 2Q	30	74LS153 双4选1数据选择器	74××153（16脚）左：1 $1\overline{ST}$，2 A_1，3 $1D_3$，4 $1D_2$，5 $1D_1$，6 $1D_0$，7 1Y，8 GND；右：16 U_{CC}，15 $2\overline{ST}$，14 A_0，13 $2D_3$，12 $2D_2$，11 $2D_1$，10 $2D_0$，9 2Y

序号	名　称	外引线排列	序号	名　称	外引线排列
31	74LS160 同步十进制 计数器 74LS161/74LS163 同步 4 位二进 制计数器	$\overline{CR}$ 1 16 U_{CC} CP 2 15 CO D_0 3 14 Q_0 D_1 4 13 Q_1 D_2 5 12 Q_2 D_3 6 11 Q_3 EP 7 10 ET GND 8 9 $\overline{LD}$ 74××160/161/163	34	ADC0809 A/D 转换器	IN_3 1 28 IN_2 IN_4 2 27 IN_1 IN_5 3 26 IN_0 IN_6 4 25 ADDA IN_7 5 24 ADDB START 6 23 ADDC EOC 7 22 ALE D_3 8 21 D_7 OE 9 20 D_6 CP 10 19 D_5 U_{CC} 11 18 D_4 $U_{REF(+)}$ 12 17 D_0 GND 13 16 $U_{REF(-)}$ D_1 14 15 D_2 ADC0809
32	74LS192 同步可逆双时 钟 BCD 计数器 74LS193 4 位二进制同步 可逆计数器	D_1 1 16 U_{CC} Q_1 2 15 D_0 Q_0 3 14 CR CP_D 4 13 $\overline{BO}$ CP_U 5 12 $\overline{CO}$ Q_2 6 11 $\overline{LD}$ Q_3 7 10 D_2 GND 8 9 D_3 74××192/193	35	555 定时器	GND 1 8 U_{CC} $\overline{TR}$ 2 7 DIS OUT 3 6 TH $\overline{R_d}$ 4 5 CO 555
33	74LS194 4 位双向通用 移位寄存器	$\overline{CR}$ 1 16 U_{CC} D_{SR} 2 15 Q_0 D_0 3 14 Q_1 D_1 4 13 Q_2 D_2 5 12 Q_3 D_3 6 11 CP D_{SL} 7 10 S_1 GND 8 9 S_0 74××194	36	七段数字 显示器	g f com a b 10 9 8 7 6 1 2 3 4 5 e d com c d

参 考 文 献

[1] 邱关源. 电路. 5 版. 北京：高等教育出版社，2006.

[2] 刘志民. 电路分析. 西安：西安电子科技大学出版社，2008.

[3] 康华光. 电路技术基础数字部分. 5 版. 北京：高等教育出版社，2008.

[4] 康华光. 电路技术基础模拟部分. 5 版. 北京：高等教育出版社，2008.

[5] 杨素行. 模拟电子技术基础简明教程. 3 版. 北京：高等教育出版社，2006.

[6] 余孟尝. 数字电子技术基础简明教程. 3 版. 北京：高等教育出版社，2007.

[7] 阎石. 数字电子技术基础. 5 版. 北京：高等教育出版社，2006.

[8] 华成英，童诗白. 模拟电子技术基础. 4 版. 北京：高等教育出版社，2006.

[9] 秦曾煌. 电工学简明教程. 北京：高等教育出版社，2006.

[10] 叶挺秀，张伯尧. 电工电子学. 2 版. 北京：高等教育出版社，2006.

[11] 周永萱，袁芳，高鹏毅. 电工电子学. 2 版. 武汉：华中科技大学出版社，2006.

[12] 黄元峰. 电工实验与实习教程. 武汉：华中科技大学出版社，2006.

[13] 王久和. 电工电子实验教程（修订版）. 北京：电子工业出版社，2008.

[14] 房晔. 电工电子技术实验教程. 西安：西北工业大学出版社，2009.

[15] 周淑阁. 模拟电子技术实验教程. 南京：东南大学出版社，2008.